Die globale Armut bekämpfen

Basil Oberholzer

Die globale Armut bekämpfen

Wirtschaftspolitische Strategien für Entwicklungsländer

Basil Oberholzer
Schweizerisches Bundesamt für Umwelt
Bern, Schweiz

ISBN 978-3-658-32454-4   ISBN 978-3-658-32455-1 (eBook)
https://doi.org/10.1007/978-3-658-32455-1

Die Deutsche Nationalbibliothek verzeichnet diese Publikation in der Deutschen Nationalbibliografie; detaillierte bibliografische Daten sind im Internet über http://dnb.d-nb.de abrufbar.

© Der/die Herausgeber bzw. der/die Autor(en), exklusiv lizenziert durch Springer Fachmedien Wiesbaden GmbH, ein Teil von Springer Nature 2021
Das Werk einschließlich aller seiner Teile ist urheberrechtlich geschützt. Jede Verwertung, die nicht ausdrücklich vom Urheberrechtsgesetz zugelassen ist, bedarf der vorherigen Zustimmung der Verlage. Das gilt insbesondere für Vervielfältigungen, Bearbeitungen, Übersetzungen, Mikroverfilmungen und die Einspeicherung und Verarbeitung in elektronischen Systemen.
Die Wiedergabe von allgemein beschreibenden Bezeichnungen, Marken, Unternehmensnamen etc. in diesem Werk bedeutet nicht, dass diese frei durch jedermann benutzt werden dürfen. Die Berechtigung zur Benutzung unterliegt, auch ohne gesonderten Hinweis hierzu, den Regeln des Markenrechts. Die Rechte des jeweiligen Zeicheninhabers sind zu beachten.
Der Verlag, die Autoren und die Herausgeber gehen davon aus, dass die Angaben und Informationen in diesem Werk zum Zeitpunkt der Veröffentlichung vollständig und korrekt sind. Weder der Verlag, noch die Autoren oder die Herausgeber übernehmen, ausdrücklich oder implizit, Gewähr für den Inhalt des Werkes, etwaige Fehler oder Äußerungen. Der Verlag bleibt im Hinblick auf geografische Zuordnungen und Gebietsbezeichnungen in veröffentlichten Karten und Institutionsadressen neutral.

Planung/Lektorat: Carina Reibold
Springer Gabler ist ein Imprint der eingetragenen Gesellschaft Springer Fachmedien Wiesbaden GmbH und ist ein Teil von Springer Nature.
Die Anschrift der Gesellschaft ist: Abraham-Lincoln-Str. 46, 65189 Wiesbaden, Germany

Kurzzusammenfassung

Dieses Buch zeigt auf, welche Pfade Entwicklungsländer verfolgen können, um ihren Handlungsspielraum zurückzugewinnen und die Lebensbedingungen der Menschen langfristig zu verbessern. Gemäß der dominanten Wirtschaftslehre sind Märkte die zentralen Motoren für Wachstum und Armutsreduktion in Entwicklungsländern. Die bisherige Erfolgsbilanz ist allerdings enttäuschend. Andererseits haben arme Länder, die den Dynamiken des globalen Kapitalismus ausgesetzt sind, kaum eine Chance, alternative Entwicklungswege einzuschlagen. Politische Maßnahmen für eine gerechtere Einkommensverteilung oder für mehr öffentliche Investitionen laufen Gefahr, von Finanzmärkten und Kapitalflucht abgestraft zu werden. Das Buch betrachtet zentrale ökonomische Grundlagen und entwirft mögliche Entwicklungsstrategien.

Inhaltsverzeichnis

1	Einleitung..	1
2	Ist die Politik auf dem richtigen Weg zur Beseitigung der Armut?....	5
3	Wie die dominante Wirtschaftslehre funktioniert...............	15
4	Einige Grundprinzipen für das Verständnis der Makroökonomie...	19
5	Märkte alleine machen noch keine Entwicklung................	33
6	Die Entwicklungsländer im globalen Kapitalismus..............	47
7	Die Wirtschaftspolitik zurückgewinnen......................	83
8	Makroökonomische Entwicklungsstrategien..................	109
9	Ewiges Wachstum?..	117
10	Neue Perspektiven..	123

Einleitung 1

Nachdem die Opposition in Argentinien die Vorwahlen für das Präsidentenamt im August 2019 gewonnen hatte, reagierten die Finanzmärkte umgehend. Das Szenario, dass der Oppositionskandidat Alberto Fernández bald der nächste Präsident und die neoliberale Politik des damals amtierenden Präsidenten Mauricio Macri beenden würde, war nun sehr realistisch. Der Peso wertete daher um fast 50 % ab, während die Inflation in die Höhe schoss. Die argentinische Zentralbank erhöhte die Zinsen auf 75 % in einem verzweifelten Kampf, die Währung für ausländische Investoren attraktiv zu machen und damit weitere Abwertungen zu verhindern. Das Gerücht eines erneuten Staatsbankrotts machte die Runde. Diese Krise war die Fortsetzung von jener vor einem Jahr, als die Regierung beim Internationalen Währungsfonds (IWF) um den grössten Kredit seiner Geschichte anfragen musste. Dieser verlangte dafür Kürzungen bei den öffentlichen Ausgaben, um damit die Volkswirtschaft zu stabilisieren und die Auslandsschulden nicht weiterwachsen zu lassen.

Dieses Buch lädt die interessierte Leserschaft aus der Ökonomie wie auch ausserhalb davon ein. Es versucht, komplizierte Sachverhalte möglichst einfach zu erklären, sodass Leserinnen und Leser, für die das Thema neu ist, ebenfalls an der Debatte teilhaben können. Diejenigen, die mehr über die ökonomischen Grundlagen und Details der Analyse wissen möchten, seien auf das folgende umfangreichere akademische Buch verwiesen, auf dem die vorliegende Kurzfassung beruht: Oberholzer, B. (2020). *Development Macroeconomics: Alternative Strategies for Growth.* Cheltenham and Northampton: Edward Elgar.

Im Text werden jeweils beide Geschlechter berücksichtigt, sofern dies sprachlich angemessen ist. In Fallbeispielen wechseln sich die weibliche und männliche Form ab. Die jeweils nicht genannte Form ist immer mitgemeint.

© Der/die Autor(en), exklusiv lizenziert durch Springer Fachmedien Wiesbaden GmbH, ein Teil von Springer Nature 2021
B. Oberholzer, *Die globale Armut bekämpfen,*
https://doi.org/10.1007/978-3-658-32455-1_1

Tiefere Staatsausgaben bedeuten aber auch weniger Einkommen für grosse Teile der Bevölkerung, womit sich die Negativspirale weiterdrehte und die sowieso schon mehr als prekäre Situation weiter verschlechterte. Im Jahr 2020 erklärte Argentinien erneut einen teilweisen Zahlungsausfall. Das Land verhandelte unter der neu gewählten Regierung mit seinen Gläubigern eine Umschuldung, um die totale Zahlungsunfähigkeit zu vermeiden.

Ebenfalls im Jahr 2019 erreichte die Inflation in Venezuela einige 100.000 %. Die Auslandsschulden türmen sich und der Schuldendienst muss teilweise mit dem Versprechen auf zukünftige venezolanische Öllieferungen beglichen werden. Die kontinuierliche Währungsabwertung hat viele Importgüter für den Grundbedarf für die Bevölkerung unerschwinglich gemacht. Die schrumpfende Wirtschaft verstärkt das Desaster. Die ‚Bolivarische Revolution', die eine wirtschaftliche Transformation versprochen hatte und bald grosse Erfolge in der sozialen Entwicklung und der Armutsreduktion vorweisen konnte, ist von einer tiefen Wirtschaftskrise zumindest für längere Zeit gestoppt worden.

Probleme dieser Art sind nicht auf Lateinamerika beschränkt. In vielen afrikanischen Ländern lauert eine neue **Schuldenkrise,** die böse Erinnerungen an die 1980er Jahre weckt. Damals versiegten die Kapitalflüsse plötzlich und hinterliessen im globalen Süden Länder mit abgewerteten Währungen und Schuldenbergen. Als sie diese nicht mehr bedienen konnten, wurden die Regierungen von den internationalen Finanzinstitutionen, vor allem dem IWF und der Weltbank, zur Privatisierung staatlicher Unternehmen sowie zu tiefen Einschnitten bei den Sozialausgaben gezwungen. Damit sollten einerseits Mittel zum Schuldendienst frei werden und andererseits verhindert werden, dass in Zukunft das Gleiche nochmals passieren würde. Als Resultat dieser sogenannten Strukturanpassungsprogramme schrumpften die Volkswirtschaften weiter. Die globale Krise, die 2020 aufgrund des Coronavirus ausbrach, könnte das Fass nun wieder zum Überlaufen gebracht haben.

Es scheint, dass die armen Länder regelmässig äusserst hart von **Währungs- und Finanzkrisen** getroffen werden. Die ökonomischen Auswirkungen von Währungsverfall und Inflation sind verheerend, weil sie zu Wirtschaftseinbrüchen führen und die Zahl der Armen dabei jedes Mal drastisch zunimmt. Solche Krisen zerstören die wirtschaftlichen Ressourcen über Kanäle, die in diesem Buch detaillierter angeschaut werden.

Im Speziellen riskieren progressive politische Programme, den Dynamiken des globalen Kapitalismus zum Opfer zu fallen. Jedes Mal, wenn politische Massnahmen die Umverteilung von Reichtum über Staatseingriffe beabsichtigen, fürchtet das Kapital um seinen Profit. **Kapitalflucht** setzt ein und setzt die Währung eines Landes unter Abwertungsdruck. Damit beginnen die wirtschaftlichen Probleme und

1 Einleitung

verschlimmern sich bis zur Krise. Kapitalflucht ist nicht zwingend der einzige Grund, um die missliche Lage der oben genannten Länder zu erklären. Aber sie stellt ein grosses Problem dar für die Entwicklungsaussichten eines Landes. Die Einschränkungen, die der nationalen Wirtschaftspolitik von den internationalen Finanzmärkten auferlegt werden, sind ein wichtiger Grund, weshalb die vielen Versuche von progressiven, linken und sozialistischen Projekten rund um den Globus schief gingen und sich zu einer Geschichte der Niederlagen aneinandergereiht haben. Fortschrittliche Regierungen scheinen dazu verdammt zu sein, an die Umsetzung ihrer Politik nicht mal denken zu können.

Angesichts dieser Erfahrungen könnte man geneigt sein, auf die wohlbekannten **neoliberalen Politikempfehlungen** für Entwicklungsländer zurückzukommen: die Rolle des Staates minimieren, die staatlichen Vermögen privatisieren, den Handel und die Kapitalflüsse liberalisieren und die Aufgaben von Fiskal- und Geldpolitik auf die Anforderungen des freien Marktes beschränken. Diese Rezepte wurden in Lateinamerika von den Achtzigerjahren an unter dem Druck der internationalen Finanzinstitutionen verfolgt. Die Resultate mit Blick auf das Wirtschaftswachstum waren allerdings mager. Gleichzeitig erreichten die ostasiatischen Länder auf der anderen Seite des Planeten, besonders Südkorea, Taiwan, Singapur und etwas später vor allem China grosse Erfolge bei der Bekämpfung der Armut. Dies ging wiederum mit sehr starker staatlicher Steuerung einher.

Nichtsdestotrotz bleiben die Fragen bestehen, vor allem in einer Zeit mit sehr viel weniger globaler Wachstumsdynamik als während der Jahrzehnte, als die genannten ostasiatischen Länder ihre Wachstumsperiode starteten: Wie können Länder Entwicklungsstrategien verfolgen, wenn sämtliche politischen Interventionen gegen die Profitinteressen sofort durch die Kapitalflucht bestraft werden? **Wie können die Länder ihren Handlungsspielraum zurückgewinnen?**

Dieses Buch möchte eine Perspektive bieten. Es beginnt mit einem Überblick über den Stand des globalen Fortschritts in der Armutsreduktion und führt einige zentrale gängige neoliberale Politikempfehlungen für Entwicklungsländer ein, die wirtschaftliche Prosperität und Wohlergehen für alle bringen sollen. Dies führt uns zu einer näheren Betrachtung der Grundlagen, auf denen diese Argumente zugunsten von wirtschaftlicher Deregulierung und Liberalisierung basieren. Mit dem Verständnis des neoklassischen Modells, das sich hinter dem Denken des ökonomischen Mainstreams befindet, wird klar, wo dessen Grenzen und Fehler sind. Um das Funktionieren der Volkswirtschaft besser zu verstehen, beziehen wir uns auf eine Handvoll zentraler **makroökonomischer Prinzipien**, aus denen sich die Dynamiken unseres Wirtschaftssystems entfalten. Mit dieser sehr viel realitätsnäheren Auffassung der Volkswirtschaft wird klar werden, weshalb die

Politikrezepte des ökonomischen Mainstreams nicht funktionieren. Die Probleme der Entwicklungsländer werden damit aber nicht einfacher. Sie müssen sich in einem komplexen System zurechtfinden und ihre Politik und Strategien umsetzen. Anfänglich betrachten wir die Volkswirtschaft als geschlossenes System innerhalb der Landesgrenzen. Damit kann gezeigt werden, dass es nicht genügt, die wirtschaftliche Entwicklung den Marktkräften zu überlassen. Vielmehr braucht es den Staat, der mit geeigneten Politik-Instrumenten die Produktivität, die Produktionskapazitäten und die Schaffung von Einkommen stärkt.

Sobald wir aber berücksichtigen, dass ein Land nicht isoliert, sondern in die Weltwirtschaft eingebunden ist, kommen zahlreiche komplexe Schwierigkeiten hinzu, mit denen ein einzelnes Land konfrontiert ist. Sie führen dazu, dass eine aktive nationale Wirtschaftspolitik kaum mehr effektiv ist und setzen damit der Entwicklung und dem Wirtschaftswachstum in armen Ländern enge Grenzen. Das zentrale Ziel ist es daher, einen Weg zu finden, wie einzelne Länder ihre **politische und wirtschaftliche Souveränität** wieder behaupten und so progressive politische Programme umsetzen können. Zu diesem Zweck braucht es eine Reform des internationalen Zahlungssystems, die bei Bedarf auch von einem Land alleine umgesetzt werden kann. Diese Reform stabilisiert die Wirtschaft in Bezug auf die internationalen Handels- und Finanzbeziehungen eines Landes. Damit bekommen diese schliesslich ihren Handlungsspielraum zurück.

Es ist bestimmt so, dass dieses Buch nicht auf die ganze Komplexität rund um das Thema der wirtschaftlichen Entwicklung eingehen kann. So mag der starke Fokus auf das Wirtschaftswachstum als zu eng erachtet werden. Wachstum ist nicht hinreichend, um das menschliche Wohlergehen zu garantieren, insbesondere da wir aktuell beobachten, dass die Einkommens- und Wohlstandsverteilung in vielen Ländern immer ungerechter wird. Andererseits ist Wachstum eine notwendige Bedingung, um die Ressourcen bereitzustellen, mit denen arme Länder Mangel und Elend entfliehen können (siehe auch Box I).

Je weiter sich ein Land auf dem Wachstumspfad fortbewegt, desto zwiespältiger wird das Thema Wirtschaftswachstum also. Das Buch endet deshalb mit einer sehr langfristigen Perspektive. Sie skizziert, wie die Politikinstrumente, die wir hier betrachten, letztlich auch genutzt werden können, um die Gesellschaft vom endlosen Wachstum zu befreien – insbesondere mit Blick auf die ökologischen Grenzen.

Ist die Politik auf dem richtigen Weg zur Beseitigung der Armut? 2

Nimmt die globale Armut ab? Da scheiden sich die Geister. Die Daten der Weltbank legen einen hoffnungsvollen Blick nahe, indem sie den Anteil der Bevölkerung betrachten, der von einem täglichen Einkommen von 1.90 US Dollar oder weniger leben muss (Weltbank 2018). Gemäss dieser Messlatte ist es tatsächlich so, dass die derzeitige Entwicklungspolitik im grossen Ganzen erfolgreich ist, denn es befinden sich nur noch 10 % unter dieser Schwelle (ibid. 2019b). Weitere Indikatoren wie die Lebenserwartung bei Geburt zeigen einen mehr oder weniger kontinuierlichen langfristigen Aufwärtstrend in allen Weltregionen. Es ist also wenig überraschend, dass Wissenschaftler in den gängigen Medien feststellen, „dass es immer besser wird" (siehe zum Beispiel Pinker 2018).

2.1 Ungleich verteilter Fortschritt

Diesem Optimismus lassen sich jedoch einige kritische Argumente entgegenhalten. Während es grundsätzlich schon Zweifel gibt, dass sich eine **globale Armutslinie** überhaupt messen lässt, wird argumentiert, dass 1,90 US Dollar pro Tag viel zu tief sind, um überleben zu können. Berechnungen zeigen, dass es mindestens 5 US Dollar braucht, um nur schon die notwendigsten Ausgaben für Nahrungsmittel abdecken zu können (Lahoti und Reddy 2015, S. 12–13). Gemäss dieser alternativen Messlatte ist die Zahl der Armen seit 1990 deutlich angestiegen – ganz im Gegensatz zu dem, was die Armutslinie der Weltbank suggeriert. Der neuste Bericht der Landwirtschaftsorganisation der UNO (Food and Agriculture Organization [FAO] 2019) bestätigt zudem, dass die Zahl der hungernden Menschen nun wieder vier Jahre in Folge zugenommen hat.

Ausserdem ist der Fortschritt in der Armutsreduktion sehr ungleich zwischen den Kontinenten verteilt (Weltbank 2019a). Das Pro-Kopf-Einkommen in Ostasien ist stark gewachsen, wobei China in den vergangenen drei bis vier Jahrzehnten der stärkste Wachstumsmotor war. Im Gegensatz dazu konnte das Wirtschaftswachstum in Subsahara-Afrika keineswegs mit dem Bevölkerungswachstum mithalten, was ein sinkendes Pro-Kopf-Einkommen seit den 1960er Jahren zur Folge hatte. Das Wachstum in Südasien, also vor allem in Indien, ist seit Anfang dieses Jahrhunderts stark angestiegen, während Lateinamerika und die Karibik Wachstumsraten aufwiesen, die irgendwo zwischen Subsahara-Afrika und Südasien lagen.

Das Einkommen ist allerdings nicht der einzige Indikator, um die Armut zu messen. Ebenso könnte man die Alphabetisierungsrate oder Gesundheitskenngrössen betrachten. Schauen wir einen anderen Indikator an, der über das Einkommen hinausgeht und ein gutes Bild über den Zustand der Volkswirtschaft eines Landes ergibt: In Entwicklungsländern ist ein grosser Bevölkerungsanteil gezwungen, den Lebensunterhalt im **informellen Sektor** zu verdienen. Dieser garantiert kein geregeltes Einkommen, ist dafür aber mit Stress, grosser Unsicherheit und extrem tiefen Einkünften verbunden, die man sich jeden Tag von Neuem ergattern muss, indem man die sich bietenden Gelegenheiten zu nutzen versucht. Der Anteil der Leute in solchen unsicheren Beschäftigungsverhältnissen ist in Ostasien stark gesunken, hat sich in Lateinamerika, Südasien und Subsahara-Afrika aber kaum bewegt. Von 1991 bis 2018 sank der Anteil in Subsahara-Afrika lediglich von 76 % auf 72 % (Weltbank 2019c). Damit arbeiten immer noch etwa drei Viertel der Bevölkerung im informellen Sektor.

Dieser **geringe Fortschritt** in den meisten Weltregionen des Südens ist enttäuschend. Wenn wir dabei noch die Armutsreduktion in China von den globalen Zahlen abziehen, wird der Erfolg in der Armutsbekämpfung noch zweifelhafter.

Armut ist ganz offensichtlich eine multidimensionale Problematik und kann nicht mit einer einzigen Zahl gemessen werden. Die Schätzung der Pro-Kopf-Einkommen bietet beschränkte Informationen über das tatsächliche Wohlergehen der Menschen. Es sagt zum Beispiel nichts über die Ungleichheit in einer Gesellschaft oder, was ebenfalls damit zusammenhängt, über die bereitgestellten sozialen Leistungen aus. Dennoch ist ein genügend hohes Einkommen ein entscheidender Faktor, um den materiellen Mangel zu beseitigen. So kritisch die Konsequenzen des Wirtschaftswachstums oft auch sind, das Wachstum ist eine Vorbedingung für die Armutsbekämpfung in Entwicklungsländern (siehe Box I).

Der Nutzen des Wachstums hängt davon ab, wie gut es die Güter zur Befriedigung der Grundbedürfnisse generieren kann. Dieses Buch nimmt meistens eine makroökonomische Perspektive ein, also eine Vogelperspektive, und unterscheidet dabei die Art der einzelnen Güter und Dienstleistungen nicht. Trotzdem kann es aufzeigen, dass mit geeigneten Entwicklungsstrategien nicht nur das Wachstum generell, sondern spezifische Sektoren und Industrien gefördert werden können, die für wichtig befunden werden.

> **Box I: Wachstum, Armut und Ungleichheit**
> Wie erwähnt gibt es zur Messung des Fortschritts in der Armutsreduktion zahlreiche bekannte Indikatoren wie beispielsweise die Kindersterblichkeit, den Anteil unterernährter Menschen in einem Land, der Bevölkerungsanteil, der sich unter einer bestimmten Einkommensschwelle befindet, der Analphabetismus oder die Lebenserwartung. Eine allgemeine ökonomische Betrachtung macht klar, dass ein Land ökonomische und finanzielle Ressourcen benötigt, um bei diesen Indikatoren gute Werte zu erzielen und damit einen Rückgang der Armut zu erreichen. Aus einer spezifisch makroökonomischen Perspektive besteht das grundlegende Interesse in der Frage, wie diese Ressourcen bereitgestellt werden können. Dies führt uns unweigerlich zum Thema des Wirtschaftswachstums.
>
> Wirtschaftswachstum bedeutet schlicht, dass ein Land sein Reservoir an verfügbaren Ressourcen, die aus Konsum- und Investitionsgütern bestehen, vergrössert. Diese können sowohl das Resultat von Märkten sein als auch durch den Staat bereitgestellt werden. Allerdings gibt es erstens eine relativ starke Kritik an der Definition des Bruttoinlandsprodukts, vor allem weil es viele Dinge und Aspekte nicht abdeckt, die für das menschliche Wohlbefinden fundamental wichtig sind wie beispielsweise eine intakte Umwelt. Zweitens sagt uns die Wachstumsrate der Wirtschaft eines Landes nicht zwingend, wie gut es jeder Person im Land materiell geht. Das Wachstum trägt nicht viel zur Armutsreduktion bei, wenn das zusätzlich geschaffene Einkommen den reichsten Haushalten zufliesst, sodass die grosse Mehrheit der Bevölkerung auf dem gleichen Einkommensniveau verbleibt.
>
> Das Problem der Einkommens- und Vermögensungleichheit ist besonders wichtig, weil es nicht nur das relative, sondern auch das absolute Wohlbefinden der Menschen beeinflusst. Die empirische Forschung liefert umfassende Evidenz, dass ungleichere Gesellschaften stärker zu Gewalt, Drogenmissbrauch und sogar psychischen Krankheiten neigen (Wilkinson und Pickett 2017). Ausserdem verursachen solche Gesellschaften mehr ökonomische Verschwendung, weil die Leute mehr Geld ausgeben für den Statuskonsum und für die Sicherheit, die wiederum nötig ist, um die Wohl-

habenden gegen die Gewalt zu verteidigen und die ungleiche Einkommensverteilung aufrechtzuerhalten. Alle diese schädlichen Auswirkungen der Ungleichheit werden in Wachstumszahlen nicht reflektiert.

Nichtsdestotrotz ist das Wirtschaftswachstum zwar keine Garantie für die Beseitigung der Armut in Entwicklungsländern, aber eine Vorbedingung dafür. Ohne Wachstum gibt es zu wenige Ressourcen, aus denen Wohlstand geschaffen und verteilt werden kann. Nehmen wir die Verfügbarkeit von Nahrung als Beispiel. Im Jahr 2017 betrug das durchschnittliche Nahrungsangebot in Madagaskar etwa 1900 Kalorien pro Person und Tag (FAO 2017), obwohl der durchschnittliche Bedarf bei mindestens 2500 Kalorien liegt. Mit einer gleichmässigeren Verteilung der Nahrungsverfügbarkeit würde es mit Sicherheit vielen Madegassinnen und Madegassen besser gehen. Da aber selbst der Durschnitt der verfügbaren Kalorien zu tief ist, würde sie das Problem der Unterernährung nicht beseitigen. Wenn Madagaskar, ein besonders armes Land, seine Bevölkerung mit hinreichend Essen versorgen können soll und nicht für immer auf Auslandshilfe zur Finanzierung der Lebensmittelimporte angewiesen sein will, dann gibt es nur zwei Optionen. Das Land muss entweder selbst mehr Nahrung produzieren oder andere Güter herstellen, deren Export die Lebensmittelimporte finanzieren kann. In beiden Fällen muss die madegassische Volkswirtschaft wachsen.

Das Ausmass, in dem das Wirtschaftswachstum die Armut effektiv reduziert, ist von Land zu Land unterschiedlich. Eine exemplarische Studie von Fosu (2017) untersucht die Beziehung für eine breite Auswahl an Ländern von Mitte der 1990er Jahre bis zur Mitte der Nuller Jahre. Die Armut, gemessen an Einkommensschwellen von täglich 1,90 beziehungsweise 2,50 US$ (obwohl dieser Indikator keineswegs perfekt ist), ging in Ländern wie China, Thailand, Tunesien, Costa Rica oder Uruguay stark zurück, während die Wirtschaft wuchs. In Indien hingegen war die Armutsreduktion trotz kontinuierlich starkem Wirtschaftswachstum lediglich moderat. In Bangladesch stiegen die Armutsraten sogar trotz Wachstums.[1] Wir sehen also, dass die Ungleichheit den Beitrag des Wirt-

---

[1] Es sei nebenbei bemerkt, dass diese Zahlen die Entwicklung der Auslandsschulden der Länder nicht berücksichtigen. Es ist jedoch möglich, dass ein höherer Konsum und die Reduktion der Armut vollständig oder teilweise durch Überschussimporte, also ein Handelsbilanzdefizit erzielt wurden.

schaftswachstums an die Armutsreduktion signifikant beeinflusst. Insgesamt zeigen die Zahlen dieser Studie jedoch auch, dass das Wachstum der wichtigste Faktor für eine erfolgreiche Armutsbekämpfung bleibt.

Jason Hickel (2019) stellt interessante Gedanken zum Zusammenhang zwischen Ungleichheit und Wachstum an. Die Daten der Weltbank zur Ungleichheit zeigen, dass die Einkommen des reichsten 1 % der Weltbevölkerung zwischen 1980 und 2016 um 86 % gestiegen sind. Die Einkommen der folgenden 49 % der Menschen stiegen im gleichen Zeitraum nur um durchschnittlich 35 %. Weil jedoch die Einkommen der ärmeren Hälfte der Weltbevölkerung im Schnitt um 78 % wuchsen, lässt sich argumentieren, dass die globale Ungleichheit insgesamt trotz der starken Zugewinne des obersten 1 % abgenommen hat. Diese gute Nachricht dreht sich aber ins Gegenteil, wenn statt der relativen die absoluten Zahlen betrachtet werden. Die ärmsten 10 % der Weltbevölkerung sahen ihr jährliches Einkommen von 1980 bis 2016 um 193 US$ zunehmen. Die nächsten 10 % erhielten 716 US$ mehr. Im Gegensatz dazu erfreute sich das oberste 1 % eines jährlichen Einkommenszuwachses um 124.897 US$, während die folgenden 9 % jeweils 13.739 US$ zusätzlich einnahmen. Insgesamt ist offensichtlich, dass fast das gesamte Wachstum des globalen Einkommens an die Reichen und Reichsten ging, sodass der Einkommensanstieg aller anderen Einkommensklassen im Vergleich dazu vernachlässigbar ist. Der Rückgang der Ungleichheit, die ein relatives Mass ist, kann deshalb zu irreführenden Schlussfolgerungen führen. Das globale Wirtschaftswachstum begünstigte vor allem die reichen Haushalte, während die sich leicht verringernde Ungleichheit über den langen Zeitraum von 36 Jahren hinweg wenig an der Tatsache änderte, dass zu viele Haushalte nach wie vor mit einem Einkommen von wenigen US Dollars pro Tag auskommen müssen.

Andererseits bestätigt diese Analyse, dass die armen Länder stärker wachsen müssen als die reichen Volkswirtschaften, wenn die globale Ungleichheit signifikant sinken und die tiefen zu den hohen Einkommen aufschliessen sollen (gleichzeitig sollte die Ungleichheit innerhalb dieser Länder nicht weiter zunehmen). Das Wirtschaftswachstum bleibt deshalb von ausserordentlich grosser Bedeutung. Auch wenn dieses Buch das Thema der Ungleichheit nicht direkt anspricht, so wird es doch zumindest indirekt behandelt, indem es das Ziel des Wirtschaftswachstums in Entwicklungsländern mit seiner Rolle in Ländern mit hohen Einkommen vergleicht (siehe Kap. 9).

2.2 Die Liberalisierungsagenda

Seit den frühen 1990er Jahren wurde die Agenda der Entwicklungsagenda vom **Konsens von Washington** dominiert. Der Ökonom John Williamson fasste damit zusammen, was er für die allgemeine Ansicht der Experten in Washington inklusive der internationalen Finanzinstitutionen wie IWF und Weltbank hielt (Williamson 2004–2005). Der Konsens ist eine relativ umfassende Sammlung neoliberaler Politikempfehlungen. Kurz gesagt verlangt er Budgetdisziplin von den Regierungen in Entwicklungsländern; die öffentlichen Ausgaben sollen sich auf die Bereiche Gesundheit, Bildung und Infrastruktur konzentrieren; Staatsinterventionen in anderen Bereichen sollen also nur sehr beschränkt stattfinden; tiefe Steuern sind besser als hohe; öffentliche Unternehmen sollen privatisiert werden; der internationale Handel ist mit Zollsenkungen zu liberalisieren, während die Wechselkurse so festgelegt werden sollen, dass sie die Exporte fördern. Weiter müssen Markteintritts- und -austrittsbarrieren beseitigt werden. Der Finanzsektor soll liberalisiert werden mit dem Ziel, dass die Zinsen durch die Marktkräfte bestimmt werden. Die Geldpolitik darf also nicht eingreifen, um die Zinsen zugunsten von politischen Zielen zu manipulieren. Die Schaffung einheimischer Finanzmärkte würde eine effiziente Preis- und Zinsbildung fördern, welche die Marktbedingungen richtig abbilden und daher die Effizienz steigern. Die Finanzflüsse zum und vom Rest der Welt sind ebenfalls zu deregulieren, insbesondere die ausländischen Direktinvestitionen.

Aufgrund andauernder Kritik wurde der Konsens von Washington in den Nullerjahren angepasst. Nun gestand er der Fiskalpolitik und den antizyklischen Staatsausgaben wie auch einer gewissen sozialen Einkommensumverteilung mehr Raum zu. Demzufolge durften die Regierungen nun eine leicht aktivere Rolle in der Wirtschaft spielen. Ebenso waren institutionelle Reformen vorgesehen, um einerseits die bürgerlichen und die Eigentumsrechte besser zu schützen und andererseits die Finanzregulierung zu verbessern. Das grundsätzliche Paradigma des Konsenses blieb aber dasselbe.

Die Konsens-Agenda wurde zuerst auf die lateinamerikanischen Länder angewandt, nachdem diese die Währungs- und Schuldenkrisen der Achtzigerjahre erfahren hatten. Nach den enttäuschenden Resultaten bezüglich des Wirtschaftswachstums wurden die Verfechter des Konsens vorsichtiger. Dessen zentralen Ideen und Vorschläge stehen aber bis heute im Zentrum zahlreicher Entwicklungsdebatten und stellen auch die Eckpfeiler der Mainstream-Ökonomie dar. Schauen wir also kurz an, was die wichtigsten Punkte des neoliberalen Programms und deren ökonomischen Auswirkungen sind. Wir werden später detaillierter darauf zurückkommen.

2.2 Die Liberalisierungsagenda

Restriktive Fiskalpolitik, also ein ausgeglichenes Budget, und die Privatisierung öffentlicher Vermögenswerte verfolgen ein grundsätzliches Ziel. Der Staat wird als Setzer der Rahmenbedingungen aufgefasst, mit denen die Effizienz der Märkte optimiert werden soll. Staatseingriffe in der Wirtschaft sollten also reduziert werden, um den Wettbewerb zu stärken, die internationale Wettbewerbsfähigkeit zu verbessern, ausländisches Kapital anzuziehen und damit letztlich den technischen Fortschritt zu fördern. Der Staat soll nur in Ausnahmefällen Haushaltsdefizite einfahren. Weil permanente Defizite über Schulden finanziert werden müssen, führen sie zu einem Überangebot an Geld, das sich über die Staatsausgaben in zusätzlicher Nachfrage niederschlägt. Damit steigt letztlich die **Inflation.** Die Ökonomen mögen die Inflation vor allem deshalb nicht, weil sie die Preissignale und damit die Ressourcenallokation stört. Daraus folgt Ineffizienz auf den Märkten und eine Verschwendung von Ressourcen. Im Falle einer Hyperinflation könnten die wirtschaftlichen Aktivitäten auch ganz zusammenbrechen.

Die Liberalisierung des Handels offenbart die Grundsatzhaltung der Mainstream-Ökonomie noch deutlicher. Sie ist durch David Ricardo's (2001, S. 85–103) **Theorie des komparativen Vorteils** begründet. Die Idee des klassischen Ökonomen aus dem 19. Jahrhundert besagt, dass der Handel die Wohlfahrt maximiert, weil er jedem Land erlaubt, das zu produzieren, was es am besten kann. Skaleneffekte, also Grössenvorteile, können ausgenutzt werden, weil die Länder sich auf die Produktion in jenem Sektor fokussieren, wo sie die tiefsten Produktionskosten im Vergleich zum Handelspartner aufweisen. Der internationale Austausch von Gütern ist effizient: Firmen erhalten zu tieferen Kosten Zugang zum Materialinput für ihre Produktion, während die Konsumenten aus einer höheren Auswahl an Gütern zu tieferen Preisen auswählen können.

Handel hilft auch, dass sich Technologien über die Landesgrenzen hinweg verbreiten und fördert damit den Wissenstransfer. Protektionismus in Form von Zöllen, Subventionen oder Markteintritts- und -austrittsbarrieren verursacht ökonomische Kosten, da er die effiziente Allokation der Ressourcen verhindert. In diesem Kontext bedeutet Ineffizienz, dass in einem Land Investitionen in Sektoren gemacht werden, wo ein anderes Land wettbewerbsfähiger wäre, während andere Sektoren, wo man ein internationaler Marktführer sein könnte, möglicherweise vernachlässigt werden. Die begrenzten Ressourcen des Landes werden verschwendet, weil die Preissignale der internationalen Märkte fehlen.

Es ist wichtig zu verstehen, dass die **Handelsliberalisierung** auch als Instrument bezeichnet wird, um den Handel auszugleichen, sodass keines der handelnden Länder langfristig ein Handelsbilanzdefizit aufweist. Wenn ein

Land mit seinen Exporten weniger verdient als es für die Importe ausgibt, erleidet es ein Handelsbilanzdefizit. Um für diese Netto-Importe zu bezahlen, nimmt Ricardo zufolge die Nachfrage nach ausländischer Währung im Verhältnis zur Nachfrage nach inländischer Währung zu. Letztere verliert deshalb an Wert. Folglich werden die Exporte des Landes international wettbewerbsfähiger, während die Importe, die in ausländischer Währung bezahlt werden müssen, teurer werden. Steigende Exporte und abnehmende Importe erlauben es dem Land, seine Handelsbilanz auszugleichen. Die Marktkräfte ermöglichen also ein Handelsgleichgewicht.

Die **finanzielle Liberalisierung** schliesslich will die Effizienz im Finanzsektor erhöhen. Der Zins bringt Ersparnisse und Investitionen ins Gleichgewicht. Er ist der Preis, zu dem die Sparer bereit sind, ihre Ersparnisse für die Investitionsnachfrage bereitzustellen. Der Gleichgewichtszinssatz wird also ebenfalls durch den Markt bestimmt. Die Marktkräfte reflektieren die jeweiligen Präferenzen der Vermögensbesitzer und der Investoren, wodurch das Gleichgewicht die effiziente Allokation der Ressourcen ermöglicht, weil es zur optimalen Höhe der Investitionen führt. Die Zentralbank sollte dieses Gleichgewicht nicht stören, indem sie die Zinsen auf ein abweichendes Niveau lenkt. Dadurch würden Investitionen in Sektoren mit tieferer Rendite gelenkt (was ein Zeichen von Ineffizienz ist), die bei höheren Zinsen nicht überleben könnten. Der Markt sorgt dafür, dass das Kapital effizient verwendet wird.

Dasselbe gilt auch für die internationale Ebene. Das optimale Zinsgleichgewicht im Finanzmarkt sollte nicht nur auf der nationalen Ebene, sondern genauso international erreicht sein. Dadurch wird die optimale Kapitalallokation global statt nur innerhalb der Grenzen der nationalen Volkswirtschaft ermöglicht. Innerhalb eines Landes wäre das Kapital sonst im Vergleich zum Rest der Welt möglicherweise entweder zu knapp oder im Überfluss vorhanden. Das Kapital sollte also mobil sein, sodass es die profitabelsten Investitionsmöglichkeiten findet. Damit Ersparnisse und Investitionen global ins Gleichgewicht kommen können, sollten die Länder die Finanzflüsse nicht am Zu- oder Abfluss hindern. Andernfalls würde der Zinssatz innerhalb des Landes vom globalen Zins abweichen, was eine ineffiziente Marktstörung wäre. Für Entwicklungsländer gilt im Besonderen, dass die Ersparnisse in der Regel knapp sind. Die Öffnung des nationalen Finanzmarkts zieht ausländisches Kapital an, das dann auf die effizienteste Art, also im Sektor mit den höchsten Erträgen, investiert werden kann.

In der jüngeren Vergangenheit wurde das Mainstream-Paradigma der unregulierten Märkte durch einen zusätzlichen Fokus auf die Rolle der **Institutionen** ergänzt. Institutionen, die beispielsweise politisch, gesellschaftlich oder kulturell sein können, sollten effektive Instanzen für die Regulierung und

Aufsicht sein. Wie Acemoglu und Robinson (2012, S. 79–83), die prominentesten Vertreter des Institutionen-Ansatzes des Mainstreams, argumentieren, sollten Institutionen „inklusiv" sein. Gemäss ihrer Definition ist dies erfüllt, wenn die Institutionen die Eigentumsrechte schützen und den Marktwettbewerb fördern. Inklusive Institutionen sind demnach notwendig, um wirtschaftliche Prosperität zu garantieren.

Diese gesamte Agenda für die Entwicklungspolitik ist nicht wirkungslos geblieben. Staatsunternehmen wurden seit den Achtzigerjahren in grosser Zahl privatisiert. Die Zölle wurden während der letzten dreissig bis vierzig Jahre grundsätzlich in allen Weltregionen gesenkt (UNCTAD 2018). Ebenso wurde eine weitreichende finanzielle Liberalisierung durchgesetzt, indem Kapitalverkehrskontrollen in Entwicklungsländern abgeschafft und damit die Regulierung der Kapitalzu- und -abflüsse beseitigt wurden. Gleichzeitig wurden die Bankensektoren liberalisiert. Andererseits hat sich infolge der Erfahrungen mit den vergangenen Liberalisierungen die Debatte über die richtige Geschwindigkeit und die Abfolge der Liberalisierungsschritte verstärkt. Zudem werden Entwicklungsgelder heute vermehrt an die Kriterien von „Good Governance" geknüpft, als das vor dem Aufkommen des Institutionenansatzes des Mainstreams der Fall war (siehe zum Beispiel Kaufmann 2005).

Obwohl sehr vereinfacht dargestellt, kennen wir jetzt die zentralen Politik-Empfehlungen von Weltbank, IWF, Welthandelsorganisation (WTO) sowie anderer multilateraler Institutionen. Sie sind die Grundpfeiler eines umfassenden ökonomischen Rahmens. Es lohnt sich daher, jetzt noch einen Schritt zurückzumachen und die neoklassische Theorie, die das Fundament der Makroökonomik des Mainstreams legt, zu betrachten.

Literatur

Acemoglu, D., & Robinson, J. A. (2012). *Why nations fail: The origins of power, prosperity, and poverty*. London: Profile Books.
Food and Agriculture Organization of the United Nations (FAO). (2017). *New food balances*. https://www.fao.org/faostat/en/#data/FBS.
Food and Agriculture Organization (FAO). (2019). *The state of food security and nutrition in the world: Safeguarding against economic slowdowns and downturns*. https://www.fao.org/state-of-food-security-nutrition/en/.
Fosu, A. K. (2017). Growth, inequality, and poverty reduction in developing countries: Recent global evidence. *Research in Economics, 71*, 306–336.
Hickel, J. (2019). *How bad is global inequality, really?* https://www.jasonhickel.org/blog/2019/3/1/global-inequality-from-1980-to-2016.

Kaufmann, D. (2005). Back to basics – 10 myths about governance and corruption. *Finance and Development, 42*(3). https://www.imf.org/external/Pubs/FT/fandd/2005/09/basics.htm.

Lahoti, R., & Reddy, S. (2015). $1.90 Per Day: What does it say? *Institute for New Economic Thinking.* https://www.ineteconomics.org/perspectives/blog/1-90-per-day-what-does-it-say.

Pinker, S. (2018). *Enlightenment now: The case for reason, science, humanism, and progress.* New York: Viking.

Ricardo, D. (2001). *On the principles of political economy and taxation.* Kitchener: Batoche Books (Erstveröffentlichung 1817).

UNCTAD. (2018). Import tariff rates on non-agricultural and non-fuel products. https://unctadstat.unctad.org/wds/ReportFolders/reportFolders.aspx.

Wilkinson, R. G., & Pickett, K. E. (2017). The enemy between us: The psychological and social costs of inequality. *European Journal of Social Psychology, 47*, 11–24.

Williamson, J. (2004–2005). The strange history of the Washington consensus. *Journal of Post Keynesian Economics, 27*(2), 195–206.

Weltbank. (2018). Decline of global extreme poverty continues but has slowed: World bank. *Press Release NO 2019/030/DEC-GPV.*

Weltbank. (2019a). GDP per capita growth (annual %). *World Bank Indicators.* https://data.worldbank.org/indicator/NY.GDP.PCAP.KD.ZG?view=chart.

Weltbank. (2019b). Poverty headcount ratio at $1.90 a day. *World Bank Indicators.* https://data.worldbank.org/indicator/SI.POV.DDAY?locations=1W&start=1981&end=2015&view=chart.

Weltbank. (2019c). Vulnerable employment, female/male (% of female employment). *World Bank Indicators.* https://data.worldbank.org/indica-tor/SL.EMP.VULN.FE.ZS?view=chart;https://data.worldbank.org/indica-tor/SL.EMP.VULN.MA.ZS?view=chart.

Wie die dominante Wirtschaftslehre funktioniert 3

Als erstes Merkmal der Mainstream-Ökonomie ist hervorzuheben, dass sie auf den Präferenzen der Individuen aufbaut.[1] Individuen haben unterschiedliche Geschmäcker und Bedürfnisse, gemäss denen sie ihre Kauf- und Konsumentscheidungen treffen. Auf dieselbe Weise entscheiden sie auch, wie viele Arbeitsstunden sie auf dem Arbeitsmarkt anbieten werden. Diese Präferenzen werden durch eine Nutzenfunktion ausgedrückt. Menschen sind rationale Persönlichkeiten und maximieren dementsprechend ihre Nutzenfunktion. Weniger mathematisch ausgedrückt heisst dies nichts anderes, als dass sie ihre Entscheidungen so treffen, dass sie ihren persönlichen **Nutzen maximieren**. Auf der makroökonomischen Ebene wird die Gesamtheit der Individuen normalerweise vereinfachend durch einen einzigen Akteur dargestellt. Dieser sogenannte „repräsentative Akteur" maximiert eine ebenso repräsentative Nutzenfunktion, die die Präferenzen aller Individuen abbildet. Genauso gut kann man sagen, dass alle Menschen die gleiche Nutzenfunktion haben. Die neoklassische Theorie basiert auf der Mikroökonomie, womit sich erklären lässt, weshalb das individuelle Verhalten linear auf die makroökonomische Ebene transferiert wird. Diese ‚Mikrofundierung' der Makroökonomie wird von ihren Vertreterinnen und Vertretern in der Regel als methodische Stärke der neoklassischen Theorie betrachtet. Tatsächlich ist es so, dass die Makroökonomie damit keine nebulöse Wissenschaft mehr ist, sondern sich auf die Ebene der Individuen zurückverfolgen und durch die Analyse dieser individuellen Ebene erklären lässt.

---

[1]Für eine umfassende Kritik der neoklassischen Theorie siehe beispielsweise Bénicourt und Guerrien (2008).

© Der/die Autor(en), exklusiv lizenziert durch Springer Fachmedien Wiesbaden GmbH, ein Teil von Springer Nature 2021
B. Oberholzer, *Die globale Armut bekämpfen*,
https://doi.org/10.1007/978-3-658-32455-1_3

Neben den Konsumenten gibt es auch Firmen. Sie produzieren mit einer bestimmten Technologie, wobei Kapitalgüter und Arbeit als Produktionsinputs verwendet werden. Die Technologie drückt nicht nur ein bestimmtes Produktivitätsniveau aus, sie bestimmt auch das Verhältnis, in dem Kapital und Arbeit eingesetzt werden. Analog zur Nutzenfunktion der Konsumenten wird die Produktionstechnologie als Produktionsfunktion dargestellt. Die Profite sind dabei für die Firmen das, was der Nutzen für die Individuen ist. Folgerichtig wollen die Firmen diese **Profite maximieren**. Damit wird das Verhalten einer einzelnen Firma beschrieben. Um Makroökonomie zu betreiben, wird angenommen, dass diese Produktionsfunktion alle Firmen repräsentiert. Die zugrunde liegende Annahme ist wiederum, dass alle Firmen die gleiche Produktionsfunktion aufweisen. Auf der mikroökonomischen Ebene stehen die Firmen im Wettbewerb untereinander, wodurch die Produktion maximiert werden kann. Dieses Resultat wird ebenfalls direkt auf die Makroebene übertragen, wo die Profitmaximierung einer einzelnen repräsentativen Firma zum optimalen Output, zum optimalen Einsatz von Kapital und Beschäftigung sowie zum optimalem Zinssatz und Lohnniveau führt.

Der repräsentative Akteur stellt die Nachfrageseite im Gütermarkt dar, während die repräsentative Firma dessen Angebotsseite ist. Die Maximierung von Nutzen und Profiten bestimmt das Niveau von Output, Konsum, Zinssatz, Lohnniveau, Beschäftigung und Kapitalstock. Das Gesamtresultat dieser Grössen wird **allgemeines Gleichgewicht** genannt. Die Mathematik kann bei der Berechnung dieses Gleichgewichts sehr kompliziert werden. Dieses gesamte Modell kann ausserdem ausgeweitet werden je nach dem, was die forschende Person konkret untersuchen will. Zum Beispiel kann es sich auf den Arbeitsmarkt fokussieren oder Investitionen und Kapitalakkumulation über die Zeit hinweg beschreiben. In wiederum anderen Versionen ist der Gütermarkt in verschiedene Bereiche aufgeteilt. Weiter kann die Geld- oder Fiskalpolitik einbezogen werden oder es kann auch eine bestimmte Anzahl unterschiedlicher Nutzenfunktionen differenziert werden. Die Grundstruktur der Theorie bleibt dabei dieselbe.

Die zentralen Aussagen der neoklassischen Theorie, die auf diesen Annahmen beruhen, sind die folgenden:

- Das allgemeine Gleichgewicht ist optimal weil es die **Wohlfahrt maximiert**. Dies geschieht automatisch, wenn die Individuen die Möglichkeit haben, Nutzen bzw. Profite frei zu maximieren.
- Es herrscht grundsätzlich immer **Vollbeschäftigung**. Arbeitslosigkeit ist freiwillig in dem Sinne, dass die Menschen es zum gegebenen Lohn vorziehen, nicht zu arbeiten.

- Die Produktionskapazität ist immer voll ausgelastet.
- Als Teil ihrer Optimierungsentscheidungen bestimmen die Akteure, welchen Anteil des Outputs sie konsumieren und welchen Restanteil sie sparen wollen. Aus den Ersparnissen werden Investitionen, die den Kapitalstock vergrössern.

Die wirtschaftlichen Aktivitäten finden entlang dieser groben Linien statt. Veränderungen ereignen sich in der Form von Schocks. Es könnte beispielsweise eine Erfindung geben, die die bisherige Produktionstechnologie durch eine neue und bessere ersetzt. Damit steigt der Output. Gleichzeitig kann es aber auch sein, dass sich das Verhältnis von Kapital und Arbeit als Produktionsinputs ändert. Dies hat wiederum einen Einfluss auf die Löhne und die Kapitalerträge. Die permanente Maximierung von Nutzen und Profiten führt daher zu einem neuen Gleichgewicht, wenn sich die Rahmenbedingungen verändern. Positive Produktivitätsschocks sind gut für die Volkswirtschaft, weil sie den Wohlstand steigern. Auf ähnliche Weise kann es auch einen Schock in Form einer staatlichen oder geldpolitischen Intervention geben. Ihre hauptsächliche Wirkung ist jedoch, dass sie das **wohlfahrtsmaximierende Gleichgewicht stören**. Damit sind sie grundsätzlich schädlich. Das heisst nicht, dass für politische Eingriffe gar keine Rolle vorgesehen ist. Wenn es einen anderen schädlichen Schock gibt, können die Geld- und Fiskalpolitik auf eine gegenläufige Weise intervenieren, die das optimale Gleichgewicht wiederherstellt. Das ist besonders relevant, wenn man als Annäherung an die Realität annimmt, dass Zeitverzögerungen eine unmittelbare Anpassung des Gleichgewichts verhindern und es dadurch zu temporärer Arbeitslosigkeit kommt.

Langfristig sind politische Interventionen aber sogar in einem solchen Fall nutzlos. Stellen wir uns vor, dass eine Zentralbank eine expansive Geldpolitik betreibt, um die Produktion anzukurbeln. Was die Rolle des Geldes betrifft, beruht die neoklassische Ökonomie hauptsächlich auf der Quantitätstheorie. Sie wurde von Milton Friedman eingeführt (siehe zum Beispiel Friedman 1956). Gemäss dieser Theorie, besser bekannt als **Monetarismus,** bedeutet expansive Geldpolitik, dass die Zentralbank der Wirtschaft mehr Geld zur Verfügung stellt. Ein höheres Geldangebot erlaubt es, im Markt eine grössere Nachfrage auszuüben. Man könnte nun glauben, dass diese höhere Nachfrage auch zu einer höheren Produktion führt. Mehr Geld alleine ändert aber an der Grundstruktur der Volkswirtschaft nichts. Die Produktionsfunktion wird dadurch auf keine Weise beeinflusst, denn die Produktionstechnologie ist immer noch die gleiche. Dank der Maximierung von Nutzen und Profiten produziert die Ökonomie bereits auf ihrem Maximum. Expansive Geldpolitik kann daher nur ein Resultat haben: Eine höhere Nachfrage nach Gütern bei gleichbleibendem Angebot führt zu höheren Preisen. Mehr Geld zur Verfügung zu stellen ist eine Illusion, die lediglich die

Inflation anheizt. Die höhere Nachfrage findet nur nominal, also gemessen in Geldeinheiten statt. Der Anstieg ist jedoch nicht real, da er keine Verschiebung bei den realen Kräften wie den Produktionsfaktoren oder der Technologie auslöst. Weil es in der Regel zeitliche Verzögerungen gibt, kann die Geldpolitik im Prinzip zeitlich beschränkte Effekte haben. Die Volkswirtschaft benötigt in diesem Fall länger, bis sie realisiert, dass die höhere Nachfrage der grösseren Geldmenge statt einem gesteigerten Realeinkommen geschuldet ist. In der langen Frist gibt es aber unweigerlich Inflation, die schädlich ist, weil sie die Allokation der Ressourcen verzerrt. Weil das Niveau der wirtschaftlichen Aktivitäten durch die Produktionskapazität auf der Angebotsseite optimal bestimmt ist, hat die Geldpolitik nur noch die Möglichkeit, die richtige Geldmenge zur Verfügung zu stellen, welche die Ökonomie dafür benötigt. Weil das optimale Gleichgewicht inhärent stabil ist, folgt, dass die Inflation durch eine zu expansive Geldpolitik verursacht wird. Hiervon leitete Friedman seinen berühmten Aphorismus ab, dass „Inflation immer und überall ein monetäres Phänomen ist [Ü.d.A.]" (siehe zum Beispiel Mishkin 2007, S. 2). Die gleichen inflationären Folgen haben Budgetdefizite der öffentlichen Hand, wenn sie über eine steigende Geldmenge der Zentralbank finanziert werden.

Nach dieser kurzen Einführung verstehen wir die Theorie hinter den Empfehlungen wie Budgetdisziplin, Privatisierung staatlicher Unternehmen sowie Handels- und Finanzliberalisierung. Sie haben gemeinsam, dass sie ein effizientes allgemeines Gleichgewicht realisieren sollen, indem entweder der Wettbewerb gestärkt, die Maximierung von Nutzen und Profiten unterstützt oder Inflation verhindert wird. Die ganze Logik hinter diesen Empfehlungen ist letztlich vom Verhalten der Individuen und Firmen auf mikroökonomischer Ebene abgeleitet.

Betrachten wir nun, ob das neoklassische Modell eine angemessene und realistische Beschreibung der Ökonomie ist in einer Welt, in der wir tatsächlich leben.

Literatur

Bénicourt, E., & Guerrien, B. (2008). *La théorie économique néoclassique: Microéconomie, macroéconomie et théorie des jeux* (3. Aful.). Paris: La Découverte.
Friedman, M. (1956). The quantity theory of money: A restatement. In M. Friedman (ed.), *Studies in the quantity theory of money* (S. 3–21). Chicago: University of Chicago Press.
Mishkin, F.S. (2007). Will monetary policy become more of a science? *National Bureau of Economic Research Working Paper*, No. 13566.

Einige Grundprinzipen für das Verständnis der Makroökonomie

4

Wenn man durch die Strassen einer der grossen Metropolen in den Entwicklungsländern geht, sieht man Bilder wie das folgende: Händler bieten auf Tischen oder auf dem Boden ihre Waren zum Verkauf an. Sie reichen von landwirtschaftlichen Erzeugnissen aus dem umliegenden Gebiet der Stadt über Snacks (oft in winzigen Portionen) bis zu gebrauchten Mobiltelefonen, Uhren, Musikkopien oder Second-Hand Kleidern. Einige Verkäuferinnen und Verkäufer haben nur eine Handvoll Süssigkeiten oder Bleistifte und Kugelschreiber im Angebot. Second-Hand Kleider sind eher am höheren Ende des Spektrums anzusiedeln und zeigen, dass die jeweilige Händlerin bzw. Händler bereits einigen Erfolg erzielt hat. Dieses Bild zeigt einen ziemlich perfekten Markt. Man bemerkt schnell, dass alle Bananen den gleichen Preis haben und es ist sicher, dass eine Veränderung im Bananenangebot sofort zu einer Preisanpassung auf dem ganzen Strassenmarkt führen würde. Die Preisfindung ist also sehr effizient. Es scheint, dass wir uns hier in einer Art allgemeinem Gleichgewicht in Bezug auf Bananenangebot und -nachfrage befinden. Genau gleich lässt sich bezüglich aller anderen Waren argumentieren, auch wenn es möglicherweise jeweils unterschiedliche Zeitverzögerungen gibt. Die **Effizienz des Marktes** stellt sicher, dass Dinge, die niemand kauft, auch von niemandem angeboten werden.

Vom frühen Morgen bis am Abend auf dem Markt zu stehen ist harte Arbeit. Sie besteht aus Feilschen, Ausdauer und Aufmerksamkeit, damit nichts gestohlen wird. Die Profitmaximierung der Verkäuferin oder des Verkäufers verlangt einen solchen Einsatz. Offensichtlich haben wir es mit einem Markt mit einem starken bis vollständigen Wettbewerb zu tun. Er sollte also nicht gestört werden durch Interventionen, falsche Regulierungen und dergleichen.

Die vorangehende Einführung in die neoklassische Ökonomie sagt uns, dass sich ein solcher Markt auf einem optimalen Pfad bewegt. Dennoch ist es beinahe überflüssig, darauf hinzuweisen, dass die meisten Marktfahrenden arm sind; dasselbe gilt für die Kunden. Das tägliche Einkommen, das man auf dem Markt erzielen kann, ist furchtbar tief und unsicher, da wir hier ein klassisches Beispiel aus dem informellen Sektor beschreiben. Die Einkommen, die von den Konsumenten ausgegeben werden, sind ebenso tief, was man an den sehr billigen Gütern des Grundbedarfs auf solchen Strassenmärkten sieht. Ausserdem hat sich die Struktur solcher Märkte über die Zeit hinweg kaum verändert. Die Marktfahrenden verkaufen seit Jahrzehnten dieselben Waren und sind denselben Widrigkeiten wie dem wirtschaftlichen Überlebenskampf, dem endlosen Feilschen, dem Wettbewerb und manchmal auch der Gewalt ausgesetzt. Dieses Bild wiederholt sich jeden Tag millionenfach rund um den Globus.

Die Beschreibung dieses beispielhaften Strassenmarktes nährt Zweifel, ob Märkte alleine wirklich in der Lage sind, die Menschen aus der Armut zu holen. Aber wo liegt das Problem denn sonst? Die Leute, die auf diesen Märkten Güter kaufen und verkaufen, wählen die beste Option, die sie haben. Trotzdem bleiben sie arm. Entweder hat die Mainstream-Ökonomie recht, sodass dies das beste Los ist, das die Menschen in den Entwicklungsländern kriegen können. Alternativ könnte es sein, dass diese Theorie ein paar Mängel aufweist.

Ein Strassenmarkt dient als gute Illustration des fundamentalen Problems der ökonomischen Entwicklung. Unsere Untersuchung wird klar machen, dass diese beispielhafte Situation auch auf andere Sektoren übertragen werden kann. Wir wollen nun dem folgenden Thema nachgehen: Die obige Situation beschreibt einen Markt mit nahezu vollständigem Wettbewerb. Weshalb sind die Menschen in den Entwicklungsländern also immer noch so arm? Um diese Frage zu beantworten, müssen einige wichtige Prinzipien der Makroökonomie eingeführt werden.

4.1 Geld

Der neoklassische Ansatz beim Thema Geld ist etwas sonderbar. Im vorangehenden Kapitel wurde erklärt, wie sich das Marktgleichgewicht bildet. Die Konsumenten treffen Entscheidungen gemäss ihren Präferenzen, während die Firmen mit einer bestimmten Technologie und Einsatz von Kapital und Arbeit Güter produzieren. Diese Gemengelage wird in realen Einheiten ausgedrückt. Das heisst, dass kein Geld involviert ist. Das Gleichgewicht wird ohne Geld erreicht. Im Monetarismus wird das Geld dann detaillierter betrachtet und einbezogen. Allerdings zeigt sich bei genauerer Betrachtung, dass das Geld erst an zweiter Stelle kommt, nämlich nachdem das optimale Gleichgewicht bereits her-

4.1 Geld

gestellt ist. Die Existenz des Gleichgewichts wird angenommen, das Geld wird im Denkmodell danach lediglich als Tauschmittel hinzugefügt.

Ausserdem wird das Geld behandelt als ob es selber eine Ware sei, die per Definition als Geld ausgewählt wurde. Das kommt uns bekannt vor, weil in der Geschichte oft Gold als Geld betrachtet wurde. Deshalb ist es gemäss Mainstream-Theorie die Rolle der Zentralbank, das **Geldangebot zu regulieren**. Wenn es zu viel dieser Geldware gibt, fällt ihr Preis, was Inflation bedeutet. Obwohl das Geld heutzutage immateriell ist, kann die Geldpolitik die Geldmenge immer noch kontrollieren, indem sie den Geschäftsbanken Geldreserven zur Verfügung stellt, die diese den Bankkunden weiterleihen.

Im neoklassischen Modell entscheiden die Akteure aufgrund von Nutzen- und Profitmaximierung über Ersparnisse und Investitionen. Im Gleichgewicht erreichen Ersparnisse und Investitionen durch einen **Gleichgewichtszinssatz** das gleiche Niveau. Es ist natürlich klar, dass dieser Zinssatz optimal ist, weil er zum allgemeinen Gleichgewicht gehört. Der sogenannte natürliche Zinssatz spiegelt die optimale Allokation der Ressourcen in realen Grössen wieder, also in einer Welt ohne Geld.[1] Der natürliche Satz kann deshalb in der Realität nicht beobachtet werden, denn in dieser können die ökonomischen Grössen nur in Geldeinheiten ausgedrückt werden. Gemäss Mainstream muss die Geldpolitik deshalb eine Geldmenge anstreben, die den Zinssatz auf dem Geldmarkt, der tatsächlich sichtbar und beeinflusst werden kann, auf ein Niveau bringt, das dem unsichtbaren natürlichen Zinssatz entspricht. In der Forschung versucht man das Niveau des natürlichen Zinses mit komplizierten ökonometrischen Analysen festzustellen. Aber auch mit diesen Methoden bleibt der natürliche Zinssatz ein höchst künstliches Konzept mit hypothetischen Resultaten.

Kurz zusammengefasst bestimmt in der neoklassischen Ökonomie die Zentralbank die Geldmenge, infolgedessen der Zinssatz durch den Markt bestimmt wird. Es gibt andere Herangehensweisen an das Thema Geld, die sich vom monetaristischen Paradigma stark unterscheiden. Das Geld spielt insbesondere in der postkeynesianischen Ökonomie eine wichtige Rolle. Im Gegensatz zur Annahme der Mainstream-Theorie kann das Geld nicht einfach durch eine Entscheidung der Zentralbank bereitgestellt werden. Wenn man die Herkunft des Geldes untersucht, ist es entscheidend, das Bankensystem einzubeziehen.

---

[1]Die Theorie des natürlichen Zinssatzes basiert auf der Analyse des Ökonomen Knut Wicksell (1898/1965).

Geld wird zur Finanzierung der wirtschaftlichen Aktivitäten benötigt. Um Zugang zum Geld zu erhalten, fragen Firmen bei den Geschäftsbanken nach Krediten. Immer wenn ein Kredit gewährt wird, wird **Geld aus dem Nichts** geschaffen. Diese Erkenntnis hat weitreichende Konsequenzen. Erstens ist das Geld mit der Produktion verbunden. Ohne Geld kann keine Produktion stattfinden. Ebenso wenig kann Geld Kaufkraft erhalten, wenn es keine Produktion gibt. Dies zeigt, dass das neoklassische Modell an der Realität vorbeigeht: Es geht davon aus, dass der Output schon gegeben ist und ‚addiert' erst danach das Geld zum Gleichgewicht hinzu.

Zweitens ist das Geld keine Ware. Weil es aus dem Nichts geschaffen werden kann, gibt es keine Knappheit. Drittens wird die Geldschöpfung durch die Nachfrage getrieben. Es wird nur geschaffen, wenn die wirtschaftlichen Akteure danach fragen. Weder die Zentralbank noch die Geschäftsbanken können das Geldangebot bestimmen. Weil das Geld nicht knapp ist, kann sich das Geldangebot stattdessen flexibel der Geldnachfrage anpassen. Daraus folgt, dass die existierende Geldmenge von der Nachfrage nach Geld abhängt, die wiederum durch das Niveau der wirtschaftlichen Aktivitäten bestimmt wird. Dieses Konzept wird ‚**endogenes Geld**' genannt, weil die Geldschöpfung ein integrierter Bestandteil des ökonomischen Prozesses ist.[2] Es steht in starkem Gegensatz zur neoklassischen Theorie, in der das Geld von aussen kommt und daher ‚**exogenes Geld**' genannt wird.

Die Erkenntnis, dass Geld gemäss Nachfrage geschaffen wird, führt zu einer ganz anderen Schlussfolgerung als der neoklassischen, dass ein zu grosses Geldangebot die Ursache der Inflation sei. Geld wird benötigt, um Zahlungen zu tätigen. Wenn die Löhne und Preise hoch sind, braucht es mehr Geld, um die gleiche Zahl an Transaktionen durchzuführen. Im Gegensatz zur Mainstream-Perspektive bestimmt nicht das Geld die Preise, sondern das Preisniveau bestimmt die dafür erforderliche Geldschöpfung. **Geld ist also mehr Resultat als Ursache der Inflation.**

Weil Geld durch die Nachfrage getrieben ist, die nicht durch die Geldpolitik kontrolliert werden kann, gibt es nur eine Variable, welche die Zentralbank selber festlegen kann: der Zinssatz. Ein weiterer Unterschied des Konzepts des endogenen Geldes zur neoklassischen Theorie besteht darin, dass die kurzfristigen Zinsen (die die langfristigen Marktzinsen massgeblich steuern) durch die Geld-

---

[2]Mehr zu endogenem Geld findet sich beispielsweise in Moore (1988).

politik festgelegt werden, während die Geldmenge durch den Markt bestimmt wird.[3]

Die Zentralbank versucht, durch die Veränderung des Zinssatzes die Volkswirtschaft zu beeinflussen. Eine Reduktion der Zinsen bedeutet **expansive Geldpolitik**. Die Absicht ist, dass sich mit tieferen Zinsen die Produktionskosten der Firmen reduzieren und diese dadurch einen Anreiz haben, die Investitionen und die Produktion zu steigern. Das muss nicht zwingend zu Inflation führen. Die Löhne steigen nicht stark, solange Arbeitslosigkeit besteht. Ebenso steigen die Güterpreise nicht, wenn die Produktionskapazitäten nicht vollständig ausgelastet sind. Solange weder Vollbeschäftigung herrscht noch die Kapazitätsauslastung auf dem Maximum ist, kann die zusätzliche Nachfrage im Markt befriedigt werden, ohne dass die Preise steigen. Anderseits muss gesagt werden, dass tiefere Zinsen nicht unbedingt genügen, um die Wirtschaft tatsächlich anzukurbeln. Wenn sich letztere in einer starken Rezession oder sogar Depression befindet, steigt die Nachfrage nach Geld möglicherweise auch dann nicht, wenn tiefere Zinsen die Investitionsbedingungen verbessern. Ein Strick kann gezogen, aber nicht gestossen werden.

Immer wenn eine Firma einen Kredit erhält, der beispielsweise für Löhne oder Rohstoffe ausgegeben wird, wird der entsprechende Geldfluss das Einkommen von jemandem. Die Zahlungsempfängerin erhält das Geld auf ihrem Konto, womit sich eine Ersparnis bildet. Es mutet überraschend an: die Ersparnisse sind nicht die Quelle der Ausgaben für die Produktion; sie sind umgekehrt das Ergebnis davon. Wir gewinnen damit eine weitere wichtige Erkenntnis. Es sind nicht die Ersparnisse, die die Investitionen ermöglichen. Im Gegenteil, **Investitionen schaffen ihre eigenen Ersparnisse.** Dies ist deshalb wichtig, weil es speziell im Kontext armer Länder bedeutet, dass nicht zuerst mehr gespart werden muss, um Investitionen für die wirtschaftliche Entwicklung finanzieren zu können. Wenn kein Einkommen vorhanden ist, kann auch nichts gespart werden. Das Gegenteil ist richtig: Es braucht Investitionsausgaben, um die Entwicklung vorantreiben zu können; sie werden in den entsprechenden Ersparnissen resultieren. Letztere sind keine Vorbedingung.

---

[3]Es muss anerkannt werden, dass sich die Mainstream-Ökonomie dieser Sicht mit dem sogenannten ‚New Consensus' in der Geldpolitik angenähert hat. Allerdings orientiert sich auch diese Weiterentwicklung noch immer sehr stark am ursprünglichen neoklassischen Rahmen.

4.2 Produktion, nicht nur Tausch

Ein weiterer von der Mainstream-Ökonomie ignorierter Aspekt ist der Pfad, dem Geld und Kredit folgen. Starten wir von Grund auf. Der hier betrachtete Fall ist natürlich stark vereinfacht, zeigt aber dennoch die zentralen Elemente auf. Jede produktive wirtschaftliche Aktivität beginnt mit einem Kredit, der einer Firma gewährt wird. Die Firma verwendet das erhaltene Geld, um die Löhne ihrer Mitarbeitenden zu bezahlen. Diese werden damit Besitzende einer Bankeinlage, welche aufgrund der Kreditgewährung geschaffen wurde. Im Produktionsprozess, für den die Arbeiterinnen und Arbeiter eingestellt werden, werden die Güter produziert. Die Firma verkauft den Output den Konsumenten, die gleichzeitig auch die Arbeiterinnen und Arbeiter sind. Sie geben ihren Lohn für die produzierten Güter aus. Die Firma benutzt den Verkaufsertrag, um den Kredit zurückzuzahlen. Dieser Prozess beschreibt einen **Geldkreislauf**.[4] Geld wird geschaffen, um die Produktion zu finanzieren und es wird vernichtet, wenn der ökonomische Prozess durch den Konsum abgeschlossen wird. Dies ist möglich dank dem endogenen Charakter des Geldes. Weder sind Ersparnisse eine Voraussetzung noch ist der Geldkreislauf durch ein limitiertes Geldangebot beschränkt. Solange die Schuldner als kreditwürdig betrachtet werden, wird ein Kredit zum jeweils aktuellen Zinssatz gewährt.

Natürlich gibt es in unserer Welt nicht nur Kredite für die Produktion realer Güter. Kredite können ebenso für Konsumausgaben oder für Investitionen auf den Finanzmärkten vergeben werden. Darüber hinaus gibt es Zinskosten, die von den Firmen für die erhaltenen Kredite bezahlt werden müssen. Weiter wird die Sache noch komplizierter, weil die Firmen eigene Profite erzielen und auch weil Investitionsgüter im Vergleich zu Konsumgütern einen spezifischen Charakter haben. Das Konzept des Geldkreislaufs ist allerdings in der Lage, diese Erweiterungen aufzunehmen (wenn auch nicht an dieser Stelle) und bleibt ein robustes Werkzeug, um die Makroökonomie zu verstehen.

Der Geldkreislauf zeigt auf einen Aspekt, der entscheidend ist für ein angemessenes Verständnis der Dynamik einer kapitalistischen Ökonomie: Er beschreibt einen **Produktionsprozess**. Dieser fehlt in der neoklassischen Theorie. Dort haben wir eine Produktionsfunktion, die das Niveau des Outputs bereits *a priori* bestimmt, weil die Produktionskapazitäten voll ausgelastet sind und Voll-

---

[4]Die Idee des Geldkreislaufs (‚monetary circuit') wird sowohl in postkeynesianischen als auch Marxschen Ansätzen verwendet. Siehe z. B. Parguez und Seccareccia (2000).

4.2 Produktion, nicht nur Tausch

beschäftigung herrscht. Davon ausgehend findet auf dem Markt ein Tausch statt, wenn die Firmen bzw. die repräsentative Firma den Output an die Konsumenten verkauft. Dieser Tausch ist bekannt von den Diagrammen, in denen sich Angebots- und Nachfragekurven kreuzen. Tausch ist aber nicht alles. Er ist lediglich ein Abschnitt des Geldkreislaufs wie auch des gesamten ökonomischen Prozesses. Während unser alternative Ansatz mit der Vergabe eines Kredits, der Zahlung der Löhne und der Produktion startet, ist das Güterangebot im neoklassischen Modell bereits vorgegeben aufgrund der Produktionsfunktion und des allgemeinen Gleichgewichts. Im Geldkreislauf wird der Kredit zurückbezahlt, nachdem der Tausch, als Kauf und Verkauf, stattgefunden hat. Auch dieser Schritt fehlt im Mainstream-Modell.

John Maynard Keynes (1973) hat auf diesen Unterschied hingewiesen: Die neoklassische Theorie beschreibt eine reine **Tauschökonomie**. Eine angemessene Analyse verlangt eine umfassendere Betrachtung. Der Geldkreislauf beschreibt deshalb eine **Produktionsökonomie**. Hat man diesen Unterschied einmal verstanden, wird es leicht zu erkennen, dass der Ansatz der Mainstream-Ökonomie in sich zusammenbricht. Weil die Rolle des Geldkreislaufs im Produktionsprozess zentral ist, ist eine Produktionsökonomie immer *monetär*, worin sie sich ebenfalls von der *realen* Tauschökonomie unterscheidet.

Wenn ein Unternehmer ein neues Geschäft eröffnet oder für seine bestehenden Aktivitäten das nächste Jahr plant, muss er entscheiden, wie viel er produzieren will. Sind die Pläne ambitioniert, werden zusätzliche Arbeiterinnen und Arbeiter eingestellt. Dafür benötigt der Unternehmer einen grösseren Kredit als wenn er weniger Leute einstellen würde.[5] An diesem Punkt können wir bereits zwei wichtige Dinge sehen: Die Produktionsplanung des Unternehmers bedeutet, dass die Produktion von Jahr zu Jahr variieren kann. Es ist also überhaupt nicht klar, dass seine Ausrüstung, also seine Produktionskapazität, permanent voll ausgelastet ist. Das Produktionspotenzial wird nur manchmal voll ausgenützt. Weil die Zahl der Angestellten daher ebenfalls variiert, gibt es auch keinen Grund zu behaupten, es herrsche permanente Vollbeschäftigung. Da alle Firmen über die gleichen Fragen entscheiden müssen, ist es eher die Regel als die Ausnahme, dass es Arbeitslosigkeit gibt. Es ist dabei kaum nötig, auf die Situation in Entwicklungsländern hinzuweisen, wo die Arbeitslosigkeit so hoch ist, dass allzu

---

[5]Man könnte argumentieren, dass gar keinen Kredit benötigt wird, weil die Firma die Löhne mit dem Profit der vergangenen Jahre bezahlen kann. Es lässt sich zeigen, dass das Problem aus makroökonomischer Sicht nichtsdestotrotz dem hier beschriebenen entspricht.

viele Menschen im informellen Sektor um das Überleben kämpfen müssen. Da die Zahl der Arbeitskräfte vom Unternehmer bestimmt wird, ist es unlogisch zu meinen, dass die resultierende Arbeitslosigkeit freiwillig sei. Das ist allerdings genau das, was die Mainstream-Theorie tut.

Wie entscheidet der Unternehmer nun genau, wie viele Leute er einstellt? Dieses Problem lässt sich mithilfe des von Keynes (1997, S. 55) entwickelten fundamentalen Prinzips der **effektiven Nachfrage** besser verstehen. Die Firma versucht, die Verkaufserträge bis Ende des kommenden Jahres abzuschätzen. Wenn der Unternehmer denkt, dass er viel verkaufen wird, wird er mehr Arbeiterinnen und Arbeiter einstellen, andernfalls eben weniger. Er weiss, dass das Ertragspotenzial vom Zustand der Gesamtwirtschaft abhängt, die er selbst nicht spürbar beeinflussen kann. Er kann allerdings den Markt beobachten und Erwartungen bilden. Dabei versucht er abzuschätzen, wie viele Arbeiterinnen und Arbeiter die anderen Firmen einstellen werden. Je höher die Gesamtbeschäftigung, desto mehr Einkommen wird geschaffen und desto mehr wird unser betrachteter Unternehmer verkaufen können; umso höher wird also die effektive Nachfrage sein.

Nun ist diese spezifische Firma nicht die einzige, die zu erraten versucht, was die Zukunft bringen wird. Alle anderen Firmen tun dasselbe. Alle bilden also Erwartungen darüber, was jeweils alle anderen tun werden. Wir haben deshalb Erwartungen, die gegenseitig voneinander abhängen. Diese Erwartungsbildung könnte potenziell sehr weit gehen, wenn der Unternehmer überlegt, was die anderen Firmen erwarten, was er von ihnen erwartet. Und wenn diese wiederum dasselbe tun, könnte er überlegen, was sie von ihm erwarten, was er von ihnen erwartet, was sie von ihm erwarten und so weiter… Relevant ist, dass die Akteure entsprechend ihrer Erwartungen handeln. Dabei können sie am Anfang falsch liegen. Aber Erwartungen hängen nicht nur von Mutmassungen über die Realität ab, sie schaffen diese Realität auch, wenn auch nicht zwingend nach den Wünschen der Akteure. Erwartungsbildungen sind so komplex, dass sie nicht mathematisch aufgelöst werden können. Die Ökonomie bewegt sich daher in der **Ungewissheit,** das noch besser durch das englische Wort ‚uncertainty' ausgedrückt werden kann, einem weiteren wichtigen Konzept von Keynes (1937).

Angesichts dieser Komplexität versucht die Firma, die effektive Nachfrage aufgrund der bisherigen Erfahrung abzuschätzen. Wenn alle Güter im vergangenen Jahr verkauft werden konnten, scheint das Geschäft gut zu laufen. Zusätzliche Arbeitskräfte können eingestellt werden. Wenn allerdings nicht alle

4.2 Produktion, nicht nur Tausch

Waren verkauft werden konnten und Lagerbestände angehäuft werden mussten, wird die Firma die Beschäftigung für das kommende Jahr reduzieren. Weniger Beschäftigung in dieser spezifischen Firma bedeutet weniger Einkommen, das ausgegeben werden kann. Die Entscheidung dieses Unternehmers trägt damit zu weniger Nachfrage bei, die im Markt ausgeübt wird. Andere Firmen könnten deshalb ebenfalls schlechtere Verkaufsergebnisse einfahren, sodass sie sich auch für Entlassungen entscheiden. **In einem Umfeld der Ungewissheit sind solche Auswirkungen selbstverstärkend.** Starke effektive Nachfrage wird noch stärker aufgrund der optimistischen Erwartungen, während schwächere Nachfrage zu fallender Beschäftigung und zu sich beschleunigenden Produktionseinbussen führt.

In diesem Zusammenhang gibt es das bekannte **Sparparadox,** das wir mit der Dynamik der effektiven Nachfrage unter Ungewissheit erklären können. Nicht nur Firmen treffen Entscheidungen in einem ungewissen Umfeld, sondern alle Akteure in der Volkswirtschaft. In einem bestimmten Moment könnten sich Firmen und Konsumenten entscheiden, einen Teil der Erträge und Löhne zu sparen, um besser für eine mögliche Rezession in der Zukunft gewappnet zu sein. Die Firmen kaufen also weniger Rohmaterial, fahren die Investitionen zurück und stellen weniger Arbeitskräfte ein, während die Bevölkerung weniger Konsumausgaben tätigt. Offensichtlich sinkt dadurch die effektive Nachfrage. Daraus folgt, dass die Firmen die Produktionspläne weiter redimensionieren werden und die Angestellten sich noch mehr Sorgen um die Zukunft machen. Da aber der gesamte Output in der Ökonomie fällt, wird weniger Einkommen geschaffen, aus dem die Leute Ersparnisse bilden könnten. Die Gesamtsumme der Ersparnisse ist dadurch letztlich kleiner statt grösser.

Wir haben nun einige wichtige Eckpunkte gesammelt, die zeigen, weshalb die neoklassische Theorie in vielerlei Hinsicht fehlerhaft ist:

- Die makroökonomischen Resultate können sehr verschieden sein von den individuellen Absichten der Akteure. Es ist daher unmöglich, die Makroökonomie zu erklären, indem man Verhalten und Präferenzen der Individuen linear von der Mikro- auf die Makroebene transferiert. Das ist genau das, was die Mainstream-Ökonomie tut. Wir sehen, dass dies falsch ist.

- Effektive Nachfrage und Ungewissheit sind entscheidende Elemente, um die Makroökonomie zu verstehen. Sie führen zu **Instabilität** und unvorhergesehenen Dynamiken. In der Mainstream-Theorie gibt es keine Erwartungsbildung.[6] Es gibt eigentlich nicht einmal die Zeitdimension, denn das allgemeine Gleichgewicht wird hergestellt, indem alle Akteure sofort und simultan Entscheidungen zur Maximierung von Nutzen und Profiten treffen. Das ist sehr weit weg von der Realität. Die dem Geldkreislauf innewohnende Dynamik zeigt, dass es so etwas wie ein stabiles allgemeines Gleichgewicht gar nicht gibt.

- Da wir wissen, dass Geld durch Kreditvergabe geschaffen wird, wissen wir auch, dass die Investitionen die Ersparnisse bestimmen statt umgekehrt. Das Sparparadox zeigt den neoklassischen Denkfehler klar auf. Von einem gegebenen Einkommen mehr zu sparen stärkt die Volkswirtschaft für die Zukunft nicht, sondern schwächt sie.

Weshalb sieht die Mainstream-Ökonomie diese Kritikpunkte nicht? Sie vernachlässigt sie, weil sie die Welt auf ein allgemeines Gleichgewicht mit unrealistischen Annahmen reduziert, dank derer die Marktergebnisse perfekt sind. Weil der Output bereits durch das allgemeine Gleichgewicht vorgegeben ist, wird nur noch der Tausch, durch den Angebot und Nachfrage aufeinandertreffen, betrachtet. Damit wird nichts ausgesagt über die Kräfte, welche Angebot und Nachfrage beeinflussen und bewegen. In der Realität müssen wir dies aber in Betracht ziehen. Es gibt ein gelderschaffendes Bankensystem[7], Erwartungen, Produktionspläne und den Produktionsprozess selbst. Die neoklassische Theorie erzählt uns etwas über die Effizienz des Tauschs auf Märkten. Sie sagt uns allerdings nichts über das mögliche Niveau von Beschäftigung und Output, zu dem dieser Tausch stattfindet.

---

[6]Es gibt neoklassische Modelle mit Erwartungsbildung. Dabei werden die Erwartungen in der Regel jedoch auf verschiedene mögliche Zukunftsszenarien mit jeweiliger Eintretenswahrscheinlichkeit reduziert. Das ist etwas ganz anderes als Ungewissheit im hier erklärten Sinne.

[7]Sofern nicht anders spezifiziert, meinen wir in diesem Buch mit ‚Bankensystem' alle Banken in der Ökonomie inklusive der Zentralbank. Da unser Fokus nicht auf den verschiedenen Institutionen innerhalb des Bankensystems liegt, ist diese Vereinfachung angebracht. Unser Interesse gilt in erster Linie dem Bankensystem als Quelle von Kredit und Geld wie auch seiner Rolle bei der Ausführung von Zahlungen.

4.3 Die Profitrate

Die effektive Nachfrage muss hinreichend sein, damit Firmen bereit sind, ihre Produktion auszuweiten. Sie ist aber nicht die einzige Bedingung, die erfüllt sein muss. Firmen gehen nur einer wirtschaftlichen Aktivität nach, wenn sie profitabel ist. Die Profitrate – gemessen als Verhältnis des Profits zum eingesetzten Kapital – muss genügend hoch sein. Der Kapitalismus wird angetrieben von der Suche nach Profit, die Investitionen gehen in jene Sektoren, wo die Profitrate am höchsten ist. Die **Profitabilität als Bewegungsgesetz** in der kapitalistischen Ökonomie ist eine von Karl Marx' zentralen Erkenntnissen in seiner Analyse (Marx 2004, S. 44–45; Shaikh 2016, S. 66). Dies bringt turbulente Dynamiken mit sich. Einerseits bewegt sich das Kapital zwischen den Sektoren. In hoch rentablen Sektoren steigern die Investitionen den Output, sodass der Wettbewerb über sinkende Preise die Profitrate reduziert. In einem Sektor mit unterdurchschnittlicher Rentabilität schrumpfen die Investitionen, sodass das verbleibende Kapital bessere Erträge erzielen kann. Aus diesem Grund tendieren die Profitraten in den verschiedenen Sektoren zum Ausgleich.

Andererseits kann auch die durchschnittliche Profitrate einer Ökonomie variieren. Wenn die Profitrate zu tief fällt, um für Investoren interessant zu sein, und wenn auch keine oder zu wenige andere Sektoren mit hinreichenden Profiten vorhanden sind, sinken die Investitionen und Firmen reduzieren die Produktion. Es gibt eine Krise, die Wirtschaft schrumpft.

Das Gesamteinkommen der Volkswirtschaft kann in Profite und Löhne aufgeteilt werden. Je höher die Löhne, desto tiefer die Profite. Um die Profitrate auf einem für sie akzeptablen Niveau zu halten, versuchen die Firmen, auf die Löhne zu drücken. Der Verteilungskampf ist besonders hart, wenn sich die Profitrate im Abwärtstrend befindet. Dieser Konflikt kann durch **Produktivitätswachstum** entschärft werden. Eine höhere Produktivität bedeutet einen höheren Output bei gleichbleibenden Inputs. Sie erlaubt sowohl höhere Löhne als auch höhere Profite, sodass die Profitrate erhalten werden kann.

Weder eine starke effektive Nachfrage noch eine hohe Profitrate genügen für sich alleine, um die Wirtschaft anzukurbeln und wirtschaftliche Prosperität zu ermöglichen. Tatsächlich ist es so, dass beides notwendige Bedingungen sind. Eine grosse Nachfrage nach Gütern ist nutzlos, wenn die Produktion dieser Güter keinen Profit abwirft, weil niemand diese Güter produzieren wird. Andererseits hilft eine hohe Profitrate auch nicht, wenn es gleichzeitig einen Mangel an Nachfrage gibt, sodass niemand diese Güter kaufen wird. Die Profite wären hoch, aber sie können nicht realisiert werden. Beide Bedingungen müssen deshalb erfüllt sein, um eine Ökonomie in der kurzen Frist aus einer Rezession oder Depression zu bringen und langfristig die Produktivität zu steigern und Wachstum zu erreichen. Das Produktivitätswachstum ist mit technologischem Fortschritt und Effizienzgewinnen verbunden, die durch Investitionen ermöglicht werden. Die Investitionen hängen von der Rentabilität und der effektiven Nachfrage ab. Weil diese beiden Bedingungen nicht einfach als erfüllt betrachtet werden können, findet auch das Produktivitätswachstum nicht einfach automatisch statt.

Im Allgemeinen gibt es einen Widerspruch zwischen der Profitrate und der effektiven Nachfrage. Reiche sparen einen grösseren Anteil ihres Einkommens als Arme. Die Armen können normalerweise gar nicht sparen. Aus diesem Grund tragen Lohneinkommen mehr zur effektiven Nachfrage bei als Profiteinkommen. Ein höherer Anteil der Profite am Gesamteinkommen trägt zu einer höheren Profitrate bei, reduziert aber gleichzeitig die Nachfrage, weil die Löhne tiefer sind. Das ist das **fundamentale Dilemma des Kapitalismus.** Wenn man entweder die Profitrate oder die Nachfrage stärkt, schwächt man damit die jeweils andere Bedingung für wirtschaftliche Prosperität. Wie erwähnt sind umso eher beide Bedingungen hinreichend erfüllt, je höher das Produktivitätswachstum ist.

> **Box II: Markteffizienz in Slums?**
> Eine Milliarde Menschen wohnt in urbanen Slums. Die jahrzehntealte Bewegung aus den ländlichen Gebieten in die Metropolen erhöht ihre Zahl weiter. Armseliges Hausen, schlechte sanitäre Bedingungen, mangelnder Schutz vor Naturkatastrophen, Gewalt und die Härte der Informalität beschreiben das Elend der Slumbevölkerung. In seinem brillanten Buch über die globale Ausbreitung der städtischen Slums seit der Mitte des zwanzigsten Jahrhunderts zeigt Mike Davis (2017, S. 61–69), dass zahlreiche Versuche, die Slumbewohner aus ihren prekären Umständen zu befreien, fehlschlugen. Der bemerkenswerteste Vorschlag, der auch das Denken der Mainstream-Ökonomie aufzeigt, kommt von Hernando de Soto. Der peruanische Ökonom argumentierte seit den Achtzigerjahren, dass die Informalität das entscheidende Hindernis zur ökonomischen Prosperität ist. Slums weisen ein riesiges Potenzial an Produktivkräften auf, das ungenutzt verbleibt, weil die Slumbevölkerung keine Eigentumsrechte hat. Die Bewohnerinnen und Bewohner der Slums können ihr Kapital nicht verwenden, da sie nicht über ein deklariertes Eigentum dieses Kapitals verfügen. Wenn diese Menschen einmal offizielle Eigentümer des Raums werden, den sie faktisch besetzen, werden sie anfangen, ihre Aktivitäten

auszuweiten und weiter in ihren Kapitalstock zu investieren. Damit werden Jobs und Einkommen geschaffen.

Es ist tatsächlich so, dass aufgrund der Informalität in Slums die Eigentumsrechte oft nicht offiziell definiert sind. Wie zahlreiche Kritiker bemerkt haben, sind diese informellen Siedlungen allerdings keine simplen Systeme, wo jeder Haushalt ein Stück Land besetzt, sodass sich das Problem lösen liesse, indem man die Eigentumsrechte entsprechend zuteilen würde (Davis 2017, S. 79–82). Die meisten Slumbewohnerinnen und -bewohner leben nicht gratis an ihrem Platz. So armselig diese Behausungen auch sind, die Leute müssen oft Miete bezahlen. Ausserdem befindet sich ein grosser Teil des Landes im Besitz reicher Leute die weit weg wohnen. Während einige Landbesitzer nicht schlecht Geld aus diesen informellen Siedlungen machen, bedeutet die Kaskade der Hierarchie, dass in den meisten Fällen arme Bewohner die noch ärmeren ausbeuten. Eine Zuteilung der Landrechte wäre zum Nutzen der Landbesitzer, würde aber der Mehrheit von ‚Mieterinnen und Mietern' und Besetzenden noch mehr schaden.

Natürlich hat dieser Formalisierungsansatz eine allzu simple Sicht der politischen Ökonomie von Slums. Dasselbe gilt für seine allgemeine Sicht auf die Ökonomie. Das Argument von de Soto ist im Wesentlichen das folgende: Es braucht die richtigen ökonomischen Institutionen, den Rest erledigt der Markt. Die richtigen Institutionen sind dabei natürlich die gut geschützten privaten Eigentumsrechte. Sobald diese definiert sind, wird das Streben der Slumbevölkerung nach einem besseren Leben gemeinsam mit dem Wettbewerb auf dem Markt die Wohlfahrt maximieren.

Die neoliberale Herangehensweise an die Politik der Slums ist ein gutes Beispiel für die Missverständnisse im ökonomischen Mainstream. Die Zuteilung der Eigentumsrechte ändert gar nichts am tiefen Einkommen der Slumbevölkerung. Und wo es kein Einkommen gibt, gibt es keine Nachfrage. Ausserdem macht die Handarbeit einen grossen Anteil der informellen Ökonomien aus. Die Produktivität ist sehr tief. Gäbe es profitable Investitionsmöglichkeiten, die über Handel, illegale Geschäfte und Landbesitz hinausgehen, dann würden diese getätigt, selbst wenn die Eigentumsrechte auf dem Papier nicht definiert sind. Obwohl letztere fehlen, gibt es Vertrags-, Macht- und Geschäftsverhältnisse in Slums. Es gibt Eigentumsrechte, auch wenn sie informell definiert sind. Trotz der Informalität sind die wirtschaftlichen Möglichkeiten weitgehend erkundet. Aufgrund der fehlerhaften Analyse denkt die Mainstream-Ökonomie jedoch, Wohlstand könne aus simplem Tausch in einem Wettbewerb geschaffen werden. Wir wissen aber, dass es dafür die Produktion braucht. Und massgebliche Investitionen werden nur getätigt, wenn die zwei Wachstumsmotoren, die effektive Nachfrage und die Profitabilität, vorhanden sind.

Literatur

Davis, M. (2017). *Planet of slums* (3. Aufl.). London: Verso.
Keynes, J. M. (1973). A monetary theory of production. In D. Moggridge (Hrsg.), *Collected writings of John Maynard Keynes: Bd. XIII – The general theory and after, Part I – presentation* (S. 408–411). London: Macmillan (Erstveröffentlichung 1933).
Keynes, J. M. (1997). *The general theory of employment, interest, and money*. New York: Prometheus Books (Erstveröffentlichung 1936).
Keynes, J. M. (1937). The general theory of employment. *The Quarterly Journal of Economics, 51*(2), 209–223.
Marx, K. (2004). *Das Kapital. Kritik der politischen Ökonomie, dritter Band*. Berlin: Akademie (Erstveröffentlichung 1894).
Moore, B. J. (1988). *Horizontalists and verticalists: The macroeconomics of credit money*. Cambridge: Cambridge University Press.
Parguez, A., & Seccareccia, M. (2000). The credit theory of money: The monetary circuit approach. In J. Smithin (Hrsg.), *What is money?* (S. 101–123). London: Routledge.
Shaikh, A. (2016). *Capitalism: Competition, conflict, crises*. New York: Oxford University Press.
Wicksell, K. (1965). *Interest and prices: A study of the causes regulating the value of money*. New York: Augustus M. Kelley (Erstveröffentlichung 1898).

Märkte alleine machen noch keine Entwicklung 5

Wir können nun auf das Beispiel des Strassenmarkts zurückkommen und die Frage beantworten, weshalb weder wirtschaftliche Entwicklung noch eine Verbesserung der Lebensstandards stattfindet. Der Markt mag effizient sein. Aber es gibt ein entscheidendes Problem: **Die Güter werden nur getauscht, während nichts produziert wird.** Es gibt Snacks, Mobiltelefone, Second-Hand Kleider. Aber sie sind alle importiert.[1] Das bedeutet im Wesentlichen, dass Geld das Land verlässt, um für diese Dinge zu bezahlen. Danach wechseln Güter und Geld die Hand. Aber Tausch alleine schafft keinen Wert, wie effizient auch immer er stattfinden mag. Das Güterangebot ist nicht einfach vorgegeben wie vom Mainstream angenommen, sondern bringt einen Produktionsprozess mit sich. Damit etwas getauscht werden kann, muss es zuerst produziert werden. Weil die Produktion und die entsprechenden Dynamiken von der neoklassischen Theorie ignoriert werden, ist diese nicht in der Lage zu erklären, weshalb die Menschen arm bleiben, wo wir doch so etwas wie ein Marktgleichgewicht beobachten.

Dafür ist der effiziente Markt nicht zu kritisieren, denn mit Investitionen lässt sich die Produktivität erhöhen, sodass der Wohlstand steigt und die Leute sich mehr leisten können. So könnte man argumentieren. Tatsächlich würden Investitionen in bessere Ausrüstung und neue Sektoren die Ausweitung der Produktion erlauben. Allerdings: Weshalb werden diese Investitionen denn nicht getätigt? Bestimmt nicht, weil die Menschen nicht genug sparen können, um zu investieren. Dass die Ersparnisse von den Investitionen kommen, haben

---

[1]Landwirtschaftliche Produkte sind eine Ausnahme, da sie in der Regel im gleichen Land produziert wurden. Ihre Wertschöpfung ist in der Regel aber sehr tief.

wir bereits gesehen. Der Grund ist ein anderer. Es könnte ja sein, dass die Investitionen nicht rentabel sind. Und wenn sie es wären, dann wären die Aussichten auf die Verkaufserträge zweifelhaft, weil die Leute arm sind und ihnen das Einkommen fehlt, um sich mehr zu leisten als sie es derzeit können. Das ist der Grund, weshalb kein privater Investor interessiert ist, in einen solchen Markt zu investieren und seine Struktur zu verändern. Sogar perfekte und starke Institutionen würden nichts an dieser Situation ändern, wenn die zwei Wachstumsbedingungen nicht erfüllt sind.

Wie wir klar sehen können, ist **Markteffizienz alleine nicht in der Lage**, etwas an den Lebensbedingungen der Armen zu ändern. Solange die Wachstumsmotoren, die hinreichende Profitrate und die effektive Nachfrage, fehlen, verbleibt die Ökonomie in ihrer Stagnation. Ausserdem – und hier weichen wir ebenfalls vom Mainstream ab – ist der Zustand des allgemeinen Gleichgewichts kein Naturgesetz. Eine Abweichung von irgendeinem hypothetischen optimalen Punkt muss nicht schlecht für die Wohlfahrt sein. Entscheidungen bezüglich Investitionen und Einstellen von Arbeitskräften bestimmen die wirtschaftliche Stärke. Im Gegensatz zur neoklassischen Theorie gibt es kein spezifisches Outputniveau, das zum Vornherein bestimmt wäre und von dem man nicht abweichen darf. Aus diesem Grund ist auch nichts Falsches daran, eine Politik zu stärken, die sowohl die Investitionen als auch die Beschäftigung stärkt.

5.1 Die Rolle der staatlichen Interventionen in der Ökonomie

Um die Armut zu bekämpfen und das Einkommen der Menschen zu steigern, muss eine Volkswirtschaft langfristig produktiver werden. Produktivitätswachstum verlangt nach Investitionen. Wenn der Markt alleine dies nicht garantieren kann, wer oder was kann es dann? Einerseits gibt es die **Geldpolitik**. Wenn wir davon reden, dass eine hinreichende Profitrate eine Voraussetzung für die Investitionen ist, meinen wir eigentlich die Netto-Profitrate, die sich aus der Differenz zwischen der Profitrate und dem Zinssatz ergibt. Je höher der Zinssatz, desto höher ist der Teil der Profite aus der Produktion, die eine Firma an das Bankensystem weiterreichen muss, welches den Kredit bereitgestellt hat. Je höher also der Zinssatz, desto tiefer die Profite. Indem sie den Zinssatz senkt, hellt die Zentralbank die Profitaussichten der produzierenden Sektoren in der Realwirtschaft auf. Die Geldpolitik kann somit mehr zu einer Verbesserung der wirtschaftlichen Aktivitäten beitragen als der Mainstream suggeriert.

5.1 Die Rolle der staatlichen Interventionen in der Ökonomie

Allerdings beeinflusst ein veränderter Zinssatz die effektive Nachfrage nicht, zumindest nicht direkt. Ausserdem ist der Zinssatz nur eine Komponente, welche die Profitrate beeinflusst. In der gängigen Situation eines Entwicklungslandes mit seit Jahren und Jahrzehnten stagnierender Entwicklung ist es zweifelhaft, dass eine Reduktion der Zinsen den erforderlichen Schub bringen kann. Eine aktive Geldpolitik kann hilfreich, aber kaum genügend sein.

Das Problem ist, dass die Akteure im Markt machtlos sind gegenüber der makroökonomischen Dynamik. Investitionsausgaben zu tätigen und die Beschäftigung zu steigern, um die Nachfrage zu stärken ist ein Verlustgeschäft, wenn eine Firma die einzige ist, die dies tut. Nachfrage und Profitabilität müssen im Gesamtsystem hinreichend gegeben sein. Ansonsten stagniert die Ökonomie, weil niemand bereit ist zu investieren.

Es gibt eine Ausnahme in dieser Hinsicht. Ein einziger Akteur ist in der Lage, Entscheidungen zu treffen, die einen direkten Einfluss auf der makroökonomischen Ebene haben. **Der Staat ist dieser Akteur.** Politische Entscheidungen sind mächtig genug, sodass staatliche Interventionen Märkte bewegen können. Im Gegensatz zu den privaten profitorientierten Firmen und Investoren kann der Staat politische und wirtschaftliche Ziele definieren. Diese Ziele können zum Beispiel Armutsreduktion, Beschäftigung oder eine gerechtere Einkommensverteilung sein. Um sie zu erreichen, ist eine bestimmte wirtschaftliche Entwicklung erforderlich. Der Staat kann also die Sozialausgaben erhöhen und sie über Steuern finanzieren. Oder er könnte sogar produktiv investieren und über die Produktion im öffentlichen Sektor zum Gesamtoutput beitragen. Wenn wir in diesem Kontext den simplen Begriff ‚Wirtschaftspolitik' verwenden, meinen wir damit mehr als gesetzliche Regulierung. Es geht nicht nur um das Bereitstellen ‚guter Institutionen' zur Verbesserung der Markteffizienz, sondern um ein aktives Eingreifen in die Märkte.

Der Grund, weshalb der Staat die wirtschaftliche Entwicklung beeinflussen kann, ist einfach. Sein Ziel ist **politisch statt profitorientiert.** Die Profitrate ist deshalb keine Bedingung, um aktiv zu werden. Stattdessen kann der Staat, sofern willens, auch Investitionsprojekte tragen, die keine Profite abwerfen. Für einen längeren Zeitraum kann er auch Defizite verkraften. Der Unterschied zum Privatsektor hat entscheidende Konsequenzen. Das Dilemma des Kapitalismus ist wie erwähnt, dass eine steigende Profitrate die Nachfrage schwächt und umgekehrt. Damit die Volkswirtschaft wachsen kann, sind aber beide notwendige Voraussetzungen. Weil dies für den Privatsektor, aber nicht für den Staat zutrifft, kann letzterer auch in einer Situation aktiv werden, wo weder Nachfrage noch Rentabilität gegeben sind. Dies ist in vielen Entwicklungsländern der Fall. Dabei kann sich die staatliche Intervention vollständig auf makroökonomische Ziele fokussieren, also auf die Stärkung der wirtschaftlichen Entwicklung.

Es gibt eine grosse Zahl von Sektoren und Industrien, die der Staat steuern kann, um das Wirtschaftswachstum anzutreiben. Viele von ihnen wie beispielsweise die Transportinfrastruktur oder die Energieproduktion sind in vielen Fällen nicht profitabel. Nichtsdestotrotz sind sie für den Rest der Ökonomie unverzichtbar. Ausserdem steigern sie die Produktivität der Gesamtwirtschaft über verschiedene Kanäle. Die Kapitalakkumulation im öffentlichen Sektor geht üblicherweise mit technischem Fortschritt, Effizienz- und Wissensgewinnen einher, genauso wie im Privatsektor. Besonders die öffentliche Infrastruktur legt das Fundament für zahlreiche andere Sektoren, damit diese produktiver und damit rentabler werden. Abgesehen vom Beitrag zur Kapitalakkumulation schaffen die Investitionen auch zusätzliche Nachfrage, denn die Produktion von Kapitalgütern bedeutet mehr Beschäftigung und folglich steigende Einkommen. Und schliesslich tragen die Produktionsstätten des öffentlichen Sektors zu einer gesamthaft höheren Produktionskapazität in der Ökonomie bei. Der öffentliche Sektor trägt damit direkt zu Wirtschaftswachstum und Beschäftigung bei, indem er Güter produziert.

5.2 Wie der Mainstream gegen staatliche Interventionen argumentiert

Diese kurze Beschreibung hat gezeigt, wie eine aktive Wirtschaftspolitik die wirtschaftliche Entwicklung beschleunigt, indem sie Nachfrage und produktive Kapazität schafft. Dennoch sind uns die Argumente gegen staatliche Interventionen mindestens so bekannt wie jene dafür. Während diese oft von Gruppen mit materiellen Interessen kritisiert werden, die höhere Steuern fürchten, werden auch Gegenargumente vorgebracht, die in der neoklassischen Theorie wurzeln. Im Speziellen gibt es drei hauptsächliche Argumentationsstränge, die erklären, weshalb eine aktive Wirtschaftspolitik der Ökonomie schaden oder im besten Fall nutzlos sein soll.

Das erste Argument wurde oben schon erwähnt. Die neoklassische Ökonomie betrachtet das **allgemeine Gleichgewicht als bestmögliches Ergebnis**. Es kann durch die Geld- oder Fiskalpolitik nur verschlechtert werden. Die Individuen treffen Konsumscheide, welche ihren Präferenzen am besten entsprechen. Dank der Allokationssignale im Markt ist die Angebotsseite der Ökonomie in der Lage, unter Berücksichtigung der existierenden Produktionskapazität genau diese Güter bereitzustellen. Wenn nun ein Teil dieser Güter durch den Staat statt den

5.2 Wie der Mainstream gegen staatliche Interventionen argumentiert

Privatsektor bereitgestellt wird, kann das gleiche Wohlfahrtsniveau nur erreicht werden, wenn die staatlichen Güter exakt gleich jenen sind, die andernfalls durch den Privatsektor produziert würden. Das Potenzial der Fiskalpolitik ist daher stark eingeschränkt. Und weil der Staat weniger an Preissignale gebunden ist, kann es gut sein, dass er Güter produziert, die den Konsumbedürfnissen gar nicht entsprechen. Die Nutzung der ökonomischen Ressourcen ist daher nicht optimal.

Der Begriff ‚Fiskalpolitik' meint in der Regel die Stabilisierung der Volkswirtschaft in der kurzen bis mittleren Frist und beinhaltet daher antizyklisches Ausgabeverhalten. Der Fokus unserer Untersuchung geht darüber hinaus, denn wir argumentieren, dass der Staat den Output nicht nur stabilisieren, sondern durch geeignete Wirtschaftspolitik auch das Wachstum und die Produktivität in der langen Frist fördern kann. Das ist eine Perspektive, die im Modell des Mainstreams nicht einmal vorkommt. Wir können aber zeigen, dass die Argumente gegen die langfristig angelegten staatlichen Interventionen dieselben Schwächen aufweisen wie jene gegen die Fiskalpolitik.

Die Überlegenheit des Marktgleichgewichts gegenüber jeglicher staatlichen Intervention basiert auf der Sicht, dass Ökonomie lediglich Tausch bedeutet, während das Outputniveau aufgrund der existierenden Produktionskapazität (die Produktionsfunktion) als gegeben betrachtet wird. Dieses Argument vergisst allerdings, dass die Produktionskapazität nicht fixiert ist. Investitionen steigern diese, wie soeben erklärt wurde. Dass auch der Staat dazu beitragen kann, ist in der Mainstream-Ökonomie nicht vorgesehen. **Öffentliche Investitionen erhöhen die Kapitalakkumulation** insgesamt. Mehr Kapitalgüter bedeuten, vereinfacht gesagt, bessere Technologie und höhere Produktivität. Indem der öffentliche Sektor die Kapitalakkumulation und das Produktivitätswachstum antreibt, steigert er die Produktionskapazität. Wirtschaftspolitik bewirkt deshalb nicht die Störung eines bestimmten allgemeinen Gleichgewichts, denn ein solches Gleichgewicht ist bedeutungslos. Stattdessen erhöhen geeignete staatliche Interventionen die Wohlfahrt.

Das zweite wichtige Argument gegen eine aktive Wirtschaftspolitik betrifft den Einwand, dass die **finanziellen Kapazitäten des Staates beschränkt** sind. Ein Staat mag viele Aufgaben haben, aber leider sind seine Mittel beschränkt. Zum Beispiel verlangt die Infrastruktur in Entwicklungsländern grosse Investitionen, welche der Staat nicht bereitstellen kann. Um alle diese Bedürfnisse zu erfüllen, braucht es den Privatsektor. Das ist ein zusätzliches Argument zugunsten der Privatisierung von staatlichen Unternehmen oder zumindest der Teilhabe des privaten Sektors am öffentlichen Vermögen.

Offensichtlich hat diese Sichtweise eine falsche Vorstellung des Geldes. Sie basiert auf der Annahme, dass das Geld beschränkt ist und der Staat seine finanziellen Schranken deshalb nicht überwinden kann. Es muss kaum darauf hingewiesen werden, dass Geld durch die Gewährung von Kredit geschaffen wird. Deshalb gibt es a priori **keine Einschränkung für den Staat**, Projekte zu finanzieren, die er als prioritär betrachtet.

Als Antwort darauf wird wiederum argumentiert, dass der Staat keine zu hohen Schulden tragen kann. Obwohl der Staat ein spezieller Akteur in der Ökonomie ist, teilt er dennoch einige Merkmale mit privaten Firmen und Haushalten. Es stimmt, dass die Staatsschulden nicht allzu hoch sein sollten. Ab einem gewissen Niveau beginnen die Kreditgeber und Käufer von Staatsanleihen an der Fähigkeit zur zukünftigen Schuldenbedienung zu zweifeln. Sie verlangen höhere Zinssätze, um sich gegen das steigende Risiko der Zahlungsunfähigkeit abzusichern.

Eine spezifische Richtung aus der heterodoxen Geldtheorie, die in den vergangenen Jahren viel Aufmerksamkeit gewonnen hat, lehnt diese Argumentation vollständig ab. Die sogenannte ‚**Modern Money Theory**' (‚Moderne Geldtheorie', MMT) stellt sich auf den Standpunkt, dass aufgrund der Natur des Geldes als Produkt des Bankensystems jedes Niveau an öffentlichen Schulden von ebendiesem Bankensystem finanziert werden kann. Ein Staat, welcher souverän über seine Währung entscheiden kann, kann sich daher Ausgaben in grundsätzlich unbegrenzter Höhe leisten und damit die Nachfrage auf das Niveau, welches auch immer beabsichtigt wird, treiben. Die einzige Bedingung, die dabei berücksichtigt werden muss, ist eine stabile und hinreichend tiefe Inflationsrate. Solange die Inflation unter Kontrolle ist, kann der Staat das Ziel der Vollbeschäftigung verfolgen und auch erreichen.[2]

Während die Modern Money Theory den Mechanismus eines nationalen Geldsystems korrekt beschreibt, lässt sich immer noch argumentieren, dass eine starke Nachfrage nicht zwingend genügt, um die wirtschaftlichen Aktivitäten auf jedes gewünschte Niveau zu bringen. Wenn sich die Profitrate im Abwärtsgang befindet, reagiert die Produktion nicht auf einen nominalen Nachfrageschock, der vom Staat ausgelöst wird. Die Modern Money Theory liegt richtig, wenn sie hervorstreicht, dass die Inflation berücksichtigt werden muss. Diese Inflation ist jedoch ein allzu zentraler Faktor, der die Wirksamkeit der Staatsausgaben limitieren kann. Es genügt nicht, die Inflation lediglich zu erwähnen, wenn sie der Elefant im Raum ist, der in einem Ausgabenprogramm nur zu schnell relevant werden kann.

Andererseits: Obwohl die Modern Money Theory die Rentabilität nicht als spezifischen Wachstumsmotor berücksichtigt, hat sie mit dem Vorschlag eines

---

[2]Für eine Einführung in die Modern Money Theory siehe Wray (2015).

5.2 Wie der Mainstream gegen staatliche Interventionen argumentiert 39

‚Employer of Last Resort'-Programms (‚Arbeitgeber in letzter Instanz') eine Antwort auf dieses Problem. Dieses auch als Beschäftigungsgarantie bekannte Programm könnte durch den Staat so aufgesetzt werden, dass es den Privatsektor ergänzt, indem es jeder Person eine Arbeitsstelle zu einem bestimmten tiefen Lohn anbieten würde. Dieser Lohn wäre der effektive Mindestlohn, weil es für den Privatsektor nicht mehr möglich ist, Löhne unter diesem Niveau anzubieten. Die vorgeschlagene Antwort auf die ungenügenden Aktivitäten des Privatsektors besteht bei der Modern Money Theory in öffentlichen Investitionen und Beschäftigung, so wie in unserem hier formulierten Vorschlag.

Unbeschränkte Staatsausgaben erfordern einen institutionellen Kontext, in dem die Zentralbank die Möglichkeit hat, die Staatsausgaben direkt zu finanzieren. Die aktuelle Realität in den meisten Entwicklungsländern – wenn auch nicht notwendigerweise das Schicksal auf Ewigkeit – ist jedoch die separate Aufstellung von Geldpolitik und des staatlichen Finanzministeriums. Es gibt also gesetzliche und institutionelle Schranken, welche der Defizitfinanzierung im Wege stehen. Weiter stösst das Ziel, Vollbeschäftigung präzise zu garantieren und gleichzeitig den Privatsektor nicht zu beeinträchtigen in der Praxis auf Schwierigkeiten. Aus diesem Grund zielt unser Vorschlag nicht zwingend auf Vollbeschäftigung ab, denn ein aktiver öffentlicher Sektor beeinflusst notwendigerweise den Privatsektor, sodass eine neutrale Ergänzung mit präziser Feinsteuerung kaum möglich ist. Die grösste Barriere für die Modern Money Theory wird schliesslich sichtbar werden, wenn wir in den folgenden Kapiteln die offene Volkswirtschaft betrachten. Wir werden sehen, dass die meisten Länder aufgrund externer Einschränkungen die **vollständige Souveränität über ihre Währungen verlieren,** welche ein entscheidendes Element ist, um die Modern Money Theory zu begründen.

Trotz der verschiedenen kritischen Aspekte der Modern Money Theory (abgesehen von ihren analytischen Verdiensten) und dem fehlenden Platz für eine detailliertere Diskussion, gibt es allerdings eine Reihe von Gründen, um gegen Schulden als unüberwindbares Hindernis zu argumentieren. Erstens wissen wir jetzt, wie das Geldsystem funktioniert. Um die Produktion zu finanzieren, sind Schulden erforderlich. Es macht dabei keinen Unterschied, ob die Produktion privat oder öffentlich ist. Wenn die Investitionen steigen, steigen auch die Schulden relativ zum Output zumindest bis die Investitionserträge deren Rückzahlung erlauben. Zweitens muss die Schuldenlast nicht permanent sein. Staatliche Konsumausgaben können durch Steuern finanziert werden. Produktive Investitionen kreieren Schulden, aber auch reale Werte in der Form von Kapitalgütern wie beispielsweise Produktionsstätten oder Infrastruktur. Kapitalgüter lösen in der Regel finanzielle Erträge aus, womit die Schulden zurückgezahlt werden können.

Drittens werden in den meisten Debatten nur die Bruttoschulden betrachtet. Die **Nettoschulden,** die nach dem Abzug der realen Werte übrigbleiben, sollten ebenfalls betrachtet werden. Investitionen führen nicht zu einem Anstieg der Nettoschulden, weil die dadurch geschaffenen Werte um den gleichen Betrag zunehmen, da der Kredit für deren Produktion benötigt wird. Schliesslich werden die Staatsschulden meistens in Prozent des BIP ausgedrückt. Je höher der Output, desto grösser ist das produktive Potenzial, aus dem die Schulden in Zukunft zurückbezahlt werden können. Dies kann entweder durch Steuern oder über die höheren Erträge auf den öffentlichen Investitionen geschehen. Im Ausmass wie eine aktive Wirtschaftspolitik das Wachstum befördert, muss das Verhältnis der Schulden zum BIP nicht einmal zwingend ansteigen.

Gemäss dem ökonomischen Mainstream führt eine zu hohe Geldmenge – dieses Mal nun durch den Staat verursacht – zu Inflation. Wenn das Geldangebot an sich schon nicht absolut beschränkt ist, dann gibt es zumindest eine implizite Finanzierungsbarriere aufgrund der verlangten Preisstabilität. Es sollte daher keine Abweichung von jener Geldmenge geben, die stabilen Preisen entspricht. Nun haben wir aber vorangehend schon gezeigt, dass Geld an sich nicht inflationär ist. Die **Inflation zieht an, wenn Vollbeschäftigung erreicht wird,** sodass die Löhne zu steigen beginnen, oder wenn die Produktionskapazitäten voll ausgelastet sind und die Firmen die Preise erhöhen, um der steigenden Nachfrage zu begegnen.

Was die Beschäftigung betrifft, muss gesagt werden, dass genau die Arbeitslosigkeit ein Grund für den Staat ist, zu intervenieren. Vereinfacht ausgedrückt, wenn Vollbeschäftigung erreicht ist, braucht es keine weiteren wirtschaftspolitischen Schritte mehr. Oder die Politik könnte sich auf jene Sektoren konzentrieren, wo öffentliche Investitionen zwar Produktivitätsfortschritt ermöglichen, aber weniger arbeitsintensiv sind. In Bezug auf die Kapazitätsauslastung stimmt es, dass höhere Staatsausgaben zusätzliche Nachfrage schaffen und damit zu einer höheren Auslastung führen. Dies ist aber nur ein Effekt, denn die Investitionen erhöhen auch die Kapazitäten selbst. Es ist daher wie erklärt nicht so, dass eine höhere Nachfrage auf eine fixierte Produktionskapazität trifft. Investitionen bringen einen dynamischen Prozess mit sich, in dem höhere Nachfrage mit steigender Kapazität auf der Angebotsseite einhergeht. Aktive Wirtschaftspolitik muss also **keineswegs Inflation** zur Folge haben.

Statt den öffentlichen Sektor zu kritisieren, dass er sich in einzelne Wirtschaftssektoren einmischt, sollte man sich besser die Frage stellen, weshalb eine solche Intervention notwendig ist. Wenn zum Beispiel eine Investitionslücke bei der Infrastruktur in Entwicklungsländern festgestellt wird (UNCTAD 2014, S. 140), weshalb wird sie nicht durch private Investitionen gefüllt? Die Antwort ist wieder einmal einfach. Während es wahrscheinlich kein Problem ist, private Investoren für den Energiesektor oder die Gesundheitsversorgung für Reiche zu gewinnen, ist es sehr viel schwieriger, private Beiträge für Eisenbahnen, Abwassersysteme, Schulen oder allgemein zugängliche Spitäler zu erhalten. Erstere generieren Profite, letztere kaum. Infrastruktur ist von herausragender Bedeutung für die gesamte Volkswirtschaft. Die ungenügende Rentabilität verhindert jedoch das Engagement des Privatsektors. Damit zeigt sich umso mehr die Notwendigkeit des Staates, die wirtschaftliche Entwicklung voranzutreiben, denn die Märkte alleine werden es nicht tun.

5.3 Auch der Privatsektor profitiert: Crowding-In

Das dritte Hauptargument gegen staatliche Interventionen betrifft das sogenannte ‚**Crowding-Out**' (‚Verdrängen'). Spezifisch wird angeführt, dass der Privatsektor umso mehr schrumpft, je mehr sich der öffentliche Sektor ausbreitet. Das wäre schädlich, denn es würde den Wettbewerb als Prinzip des Marktes schwächen. Das grössere Gewicht des öffentlichen Sektors gefährdet deshalb die Innovation und die Effizienz. Ausserdem kann der Staat nur mithalten, weil er das Monopol für die Erhebung von Steuern hat und dadurch höhere Schulden als der Privatsektor tragen kann.

Das Crowding-Out findet demnach über drei verschiedene Kanäle statt. Erstens erhöht die Expansion des öffentlichen Sektors die Nachfrage nach Geld. Als Folge davon steigen die Zinssätze, sodass die Kredite für die privaten Firmen unerschwinglich werden. Solches wäre tatsächlich der Fall, wenn Geld beschränkt wäre. Das ist es aber nicht. Die Geldmenge wird von der Nachfrage bestimmt, während das allgemeine Zinsniveau von der Zentralbank gesteuert wird. Eine höhere Nachfrage nach Krediten beeinflusst die Schaffung neuen Geldes, lässt aber die Zinsen unverändert.

Als zweiter Kanal für das Crowding-Out werden Anpassungen im individuellen Verhalten suggeriert. Die sogenannte **Ricardianische Äquivalenz** besagt, dass die Haushalte angesichts eines durch Staatsausgaben verursachten Budgetdefizits wissen, dass dieses über einen zukünftigen Budgetüberschuss kompensiert werden muss.[3] Aus diesem Grund werden Steuererhöhungen unumgänglich sein. In Erwartung einer höheren Steuerrechnung reduzieren die Haushalte ihren Konsum,

---

[3]Für einen kritischen Überblick zur Ricardianischen Äquivalenz, siehe zum Beispiel Arestis und Sawyer (2010).

um einen Teil des Einkommens zu sparen. Die zusätzliche Nachfrage des Staates wird durch die verminderte Nachfrage der Haushalte exakt kompensiert. Offensichtlich hat dieses Argument mehrere Schwachpunkte. Erstens ist die Zukunft ungewiss. Es ist nicht klar, wann eine Steuererhöhung stattfindet und wie die Haushalte diese antizipieren können. Zweitens beeinflusst die durch den Staat stimulierte Nachfrage Produktion, Beschäftigung und letztlich das verfügbare Einkommen. Eine zukünftige Steuererhöhung findet mit einer erweiterten Steuerbasis statt und wiegt daher weniger schwer.

Ein dritter Mechanismus von **Crowding-Out betrifft den Arbeitsmarkt.** Die Staatsausgaben erhöhen die Nachfrage auf dem Arbeitsmarkt und führen zu höheren Löhnen. Höhere Löhne verteuern die Produktion für den Privatsektor, sodass Produktionsstätten geschlossen werden. Dieses Argument ist grundsätzlich nicht falsch. Im Gegensatz zum Geldangebot passt sich das Angebot an Arbeitskräften nicht flexibel an die Nachfrage an. Die Zahl der Arbeiterinnen und Arbeiter verändert sich relativ langsam über die Zeit hinweg und ist nicht besonders sensibel gegenüber der Nachfrage im Arbeitsmarkt.[4] Solange allerdings keine Vollbeschäftigung erreicht ist, steigen die Löhne nicht allzu stark mit der höheren Nachfrage danach. Die Behauptung, dass die Löhne unmittelbar auf die staatliche Intervention reagieren, erklärt sich einmal mehr durch die Annahme, dass die Ökonomie sowieso Vollbeschäftigung garantiert. Der Staat kann deshalb nichts zu einer noch höheren Beschäftigung beitragen, sondern verdrängt lediglich die privaten Firmen. Wie aber bereits ausführlich dargelegt, ist eine hohe Arbeitslosigkeit exakt die Motivation für den Staat, wachstumsfördernde Politikprogramme aufzusetzen.

Tatsächlich kann geeignete Wirtschaftspolitik eher das Gegenteil eines Crowding-Out befördern, nämlich ein **Crowding-In.** Staatsausgaben schaffen Nachfrage und tragen damit zu höheren Verkaufserträgen der privaten Firmen bei. Darüber hinaus steigt auch die Profitrate in der Ökonomie. Die öffentlichen Investitionen vergrössern den Kapitalstock, machen ihn effizienter und treiben den technologischen Fortschritt an. Die Produktivität steigt, sodass mit gleichbleibenden Inputs mehr Output produziert werden kann. Als Konsequenz daraus wachsen bei gegebenen Löhnen die Profite. Die Lage für den Privatsektor verbessert sich dadurch in beiden Dimensionen: Die effektive Nachfrage wird gestärkt, während die Profitrate steigt. Die privaten Investitionen beschleunigen sich als Reaktion auf die öffentlichen; das bedeutet Crowding-In.

---

[4]Natürlich relativiert sich dieses Argument, wenn man die Migration einbezieht. Die Unterschiede in der Analogie zum Geldangebot bleiben dennoch gross.

Der gesamte Nutzen der staatlichen Intervention multipliziert sich dadurch. Wir stellen eine Version des sogenannten **keynesianischen Multiplikators** fest, gemäss dem eine anfängliche Ausgabe letztlich ein noch höheres Einkommen schafft, das die Ausgabe mehr als kompensiert. Der Multiplikator ist auch eine Variante, um die verschiedenen Ansichten bezüglich Auswirkungen des öffentlichen Sektors auf die Volkswirtschaft aufzuzeigen. In unserer Analyse ist der Multiplikator grösser als eins. Die neoklassische Theorie suggeriert, dass er allerhöchstens eins, aufgrund der Abweichung vom allgemeinen Gleichgewicht in der Regel aber kleiner als eins ist. In der empirischen Forschung wird diese Hypothese manchmal mithilfe von strukturellen Modellen bestätigt. Diese messen den Einfluss der öffentlichen Ausgaben auf die Leistung des Privatsektors und berücksichtigen dabei Effekte wie ein höheres Wirtschaftswachstum oder verschiedene externe Schocks. In einem solchen Modell ist es jedoch alles andere als überraschend, Resultate zu finden, welche das Crowding-Out bestätigen. Wenn man den Einfluss des Wirtschaftswachstums von der Beziehung zwischen dem öffentlichen und dem privaten Sektor separiert, bedeutet das, dass betreffend diese Beziehung ein fixierter Pfad des BIPs angenommen wird. Die zwei Sektoren können einander also beeinflussen, aber lediglich mit der Rahmenbedingung, dass der Pfad des BIPs vorgegeben ist. So ist es natürlich eine Notwendigkeit, dass der Privatsektor schrumpft, wenn der öffentliche Sektor wächst. In der Realität ist aber genau das Wirtschaftswachstum der Kanal, über welchen die öffentlichen Investitionen auch den Privatsektor stärken.

5.4 Aktive Wirtschaftspolitik für die Entwicklung

Wir haben nun die Elemente für eine erfolgreiche Wirtschaftspolitik zusammengeführt. Die hier betrachtete Situation ist jene von Entwicklungsländern, die auf extrem tiefen Einkommensniveaus verharren. An effiziente Märkte zu glauben, hilft nicht weiter, wie wir in der obigen Diskussion gesehen haben. Solange es keine Nachfrage gibt und die für die Entwicklung relevanten zentralen Sektoren für die privaten Investoren nicht profitabel genug sind, wird der Markt alleine nichts an der elenden Situation der Armen ändern. Die Frage ist weniger, ob Märkte effizient sind oder nicht. Die Frage ist, ob Effizienz genügt. Das tut sie nicht. In erster Linie braucht es produktive Kapazität statt einfach nur effizienten Tausch. An dieser Stelle tritt die Wirtschaftspolitik auf den Plan. Ihre wichtigste Aufgabe ist nicht das Sicherstellen der Effizienz wie vom Mainstream suggeriert (auch wenn wir nicht behaupten, dass sie völlig unwichtig sei). Stattdessen muss sich die Politik auf die Steigerung der Produktivität und der produktiven

Kapazität fokussieren, denn diese entwickeln sich andernfalls nicht. Geeignete staatliche **Ausgabe- und Investitionspläne** können hier die Grenzen verschieben. Bei der Planung der staatlichen Intervention muss eine Regierung die Merkmale verschiedener Arten von Ausgaben berücksichtigen. Mit Konsumausgaben können soziale Leistungen für die arme Bevölkerung getätigt werden. Diese Haushalte sparen kaum etwas von ihrem Einkommen, sodass die Transfers direkt in zusätzlicher Nachfrage resultieren. Staatliche Konsumausgaben können über Steuern finanziert werden, wobei einige Aspekte berücksichtigt werden müssen. Steuern reduzieren die Nachfrage, weshalb ein höheres Budgetdefizit einen umso stärkeren Nachfrageimpuls bewirkt. Im Ausmass wie die Besteuerung progressiv ist bezüglich Einkommen und Vermögen bezahlen reiche Haushalte mehr als arme. Staatsausgaben können damit immer noch die Nachfrage stärken, auch wenn dabei kein Defizit entsteht. Sozialleistungen, die letztlich von den reichen zu den armen Haushalten fliessen, reduzieren das Sparen und erhöhen den Konsum.

Andererseits reduziert eine solche Besteuerung auch die Profiteinkommen und deshalb die Profitrate. Der positive Einfluss eines budgetneutralen Nachfrageimpulses auf das Wirtschaftswachstum ist deshalb unsicher, denn es ist nicht klar, wie die privaten Investitionen letztlich darauf reagieren. Aus diesem Grund hat eine Defizitfinanzierung einen stärkeren Effekt. Die Steuereinkommen können auch später zunehmen, wenn die wirtschaftliche Basis dafür erweitert wurde. Das Schuldenniveau, das ein Staat je nach Situation tragen kann, ist jedoch begrenzt. Mehr dazu folgt.

Aus diesem Grund hat eine Wirtschaftspolitik, die direkt auf produktive Investitionen setzt, ein grösseres Potenzial, das Wachstum zu forcieren. Unsere Schlussfolgerungen führen zu dem, was man als Industriepolitik kennt. Die produktive Basis muss Priorität haben, denn sie bestimmt den Wohlstand, der geschaffen werden kann. Spezifisch ist es die **Industrie,** wo die höchsten Produktivitätsgewinne erreicht werden können, wovon der Rest der Ökonomie dank Synergien profitieren kann. Öffentliche Investitionsausgaben verleiten den Privatsektor nicht nur dazu, dank der verstärkten Nachfrage die Produktion auszuweiten, sie tragen auch zum Kapitalstock bei. Beschäftigung wird bereits generiert, wenn die Investitionen getätigt werden, und umso mehr, wenn der öffentliche Sektor die erweiterte Produktionskapazität in Betrieb setzt.

Wir haben argumentiert, dass die privaten Firmen die Beschäftigung und Kapazitätsauslastung entsprechend dem erlebten Zustand der Volkswirtschaft erhöhen oder senken. Da der Staat nicht dem Profit-Imperativ zu gehorchen hat, kann er die Kapazitätsauslastung maximieren. Bei voller Kapazität zu produzieren (unter möglicher Berücksichtigung einer Flexibilitätsmarge) erlaubt auch die Maximierung der Beschäftigung. In dieser Hinsicht kann der Staat

5.4 Aktive Wirtschaftspolitik für die Entwicklung

effizienter sein als der Privatsektor. Die volle Kapazitätsauslastung bedeutet nämlich die effiziente Nutzung der vorhandenen Ressourcen. Die Inflation ist tatsächlich ein Problem, das die Wirtschaftspolitik ernst nehmen muss. Ein durch Staatsausgaben ausgelöster Nachfrageimpuls kann aus den oben erklärten Gründen möglicherweise zu Inflation führen. In einem solchen Fall ist es nicht angemessen, ein Politikprogramm weiter auszuweiten. Andererseits kann die Inflation auch ein Indikator einer sich beschleunigenden Wirtschaftsentwicklung sein. Dann wäre es für die Volkswirtschaft schädlich, sie durch eine restriktive Geldpolitik bremsen zu wollen. Solange die Inflation an sich unter Kontrolle ist, ist eine höhere Rate akzeptabel. Ausserdem muss analysiert werden, welche Faktoren die Teuerung verursachen. Ist es die zunehmende Knappheit auf dem Arbeitsmarkt, dann kann die staatliche Intervention mindestens teilweise zurückgefahren werden, denn das Ziel der Vollbeschäftigung ist erreicht. Wenn die Inflation auf eine sehr hohe Kapazitätsauslastung zurückzuführen ist, kann sich die Wirtschaftspolitik stärker auf **kapazitätserweiternde Investitionen** fokussieren.

Aktiv intervenierende Wirtschaftspolitik kann ihre Ziele nicht präzise erreichen. Es gibt zahlreiche unvorhergesehene Ereignisse und die Wirkung von Politikprogrammen zeigt sich immer mit einer gewissen Verzögerung. Zudem weisen **schwache Institutionen** in Entwicklungsländern manchmal nur wenig Expertenwissen für die Fokussektoren auf. Ebenso sind die administrativen Ressourcen für die Ausführung oft ungenügend. Wir könnten deshalb auf die starken Institutionen als Vorbedingung für jeden wirtschaftlichen Erfolg zurückkommen. Auch wenn wir damit nicht unbedingt Institutionen meinen, die lediglich die Eigentumsrechte und kompetitiven Märkte im Blick haben, so ist es genauso richtig wie trivial, dass gute Institutionen die wirtschaftliche Entwicklung erleichtern. Allerdings erfordert die Schaffung von Institutionen wiederum viele Ressourcen wie gut ausgebildete Arbeitskräfte, Übung und eine kollektive administrative Erfahrung.

Institutionen können das Wachstum unterstützen, schaffen selbst direkt jedoch keinen Wert. Deshalb ist es eine zweifelhafte Strategie, die äusserst knappen Ressourcen eines Entwicklungslandes zuerst in die Verbesserung der Institutionen zu investieren. Es braucht zuerst eine wirtschaftliche Entwicklung und höhere Einkommen, um diese Ressourcen bereitstellen zu können. Mehr noch als Institutionen eine Voraussetzung für das Wachstum sind, ist das Wachstum eine Voraussetzung für bessere Institutionen.[5] Entwicklungsländer sollten sie deshalb

---

[5]Für eine kritische Beurteilung der Rolle der Institutionen in der wirtschaftlichen Entwicklung, siehe Chang (2011).

so nutzen, wie sie zur Verfügung stehen, um eine aktive Wirtschaftspolitik umzusetzen und den Lebensstandard zu erhöhen. Daraus entspringen die Ressourcen, um **schrittweise die Institutionen zu verbessern.**

Um auf das Bild des Strassenmarktes in einem Entwicklungsland zurückzukommen, was wären die grundlegenden Prinzipien staatlicher Interventionen? Der Staat könnte sich auf die Entwicklung eines spezifischen Sektors fokussieren. Das könnten Investitionen in die Landwirtschaft oder die Entwicklung einer eigenen Textilindustrie sein, um den Import von Kleidern zu reduzieren. Letzteres beabsichtigen beispielsweise Äthiopien, Ruanda und andere ost- und zentralafrikanische Länder (siehe de Freytas-Tamura 2018). Dies erfordert umfassende Planung, die auch das Energieangebot und die Transportsysteme beinhaltet. Die politische und ökonomische Herausforderung für arme Länder ist enorm. Dies erklärt aber nur umso klarer, dass der Markt nicht in der Lage ist, diese Aufgaben zu erfüllen. Nur die Produktion schafft Wert. Nur sie generiert deshalb die Güter wie auch das zusätzliche Einkommen, das für diese Güter ausgegeben werden kann.

Literatur

Arestis, P., & Sawyer, M. (2010). Reinventing fiscal policy. *Journal of Post Keynesian Economics, 26*(1), 3–25.
Chang, H.-J. (2011). Institutions and economic development: Theory, policy and history. *Journal of Institutional Economics, 7*(4), 473–498.
de Freytas-Tamura, K. (2018). Auch eine Frage der Würde. Le monde diplomatique, February 2018. https://monde-diplomatique.de/artikel/!5480549.
UNCTAD. (2014). *World investment report 2014. Investing in the SDGs: An action plan.* https://unctad.org/system/files/official-document/wir2014_en.pdf.
Wray, L. R. (2015). *Modern money theory: A primer on macroeconomics for Sovereign monetary systems* (2. Aufl.). New York: Palgrave Macmillan.

Die Entwicklungsländer im globalen Kapitalismus

Bisher haben wir die makroökonomischen Prinzipien sowohl allgemein als auch bezogen auf Entwicklungsländer betrachtet. Dabei hat nur die interne makroökonomische Struktur dieser Länder eine Rolle gespielt. In der Realität befinden sich die Entwicklungsländer jedoch nicht in einem isolierten Raum, sondern sind in die Weltwirtschaft eingebettet. Dadurch wird die ökonomische Dynamik komplexer. Im heutigen globalisierten Kapitalismus ist der Handlungsspielraum für arme Länder stark eingeschränkt. Wir möchten nun die Gründe dafür untersuchen.

6.1 Internationale Handels- und Finanzflüsse

Eine nationale Ökonomie unterhält Handelsbeziehungen mit anderen Ländern. Die Exporte und Importe gleichen sich nicht notwendigerweise aus. Dies hat mehrere Auswirkungen. Damit der Geldkreislauf gestartet und geschlossen werden kann, braucht es ein Bankensystem inklusive Zentralbank, das in der Lage ist, Geldeinheiten bereitzustellen. Verschiedene Bankensysteme bringen verschiedene Währungen in Umlauf. Es ist daher relativ einfach zu verstehen, dass jeder **Währungsraum** seinen eigenen Geldkreislauf kreiert. Die meisten Währungsräume sind identisch mit den Grenzen der einzelnen Länder. Es gibt aber natürlich auch länderübergreifende Währungsräume wie die Eurozone oder die Franc-Zonen in West- und Zentralafrika. Unabhängig davon ist der Geldkreislauf das Fundament der monetären Produktionsökonomie. Der internationale Handel impliziert, dass Güter zwischen verschiedenen Produktionsökonomien und dementsprechend zwischen verschiedenen Geldkreisläufen ausgetauscht werden. Exporte bedeuten, dass ein Teil der Nachfrage für inländische Güter aus dem Ausland kommt, während bei den Importen ein Teil der inländischen Nachfrage ins Ausland abwandert.

Nehmen wir nun die Perspektive eines kleinen Entwicklungslandes ein, das mit dem Rest der Welt Handel betreibt. Der internationale Handel wird in einer **globalen Reservewährung** abgewickelt, meistens in US Dollar. Um die internationalen ökonomischen Zusammenhänge zu verstehen, müssen wir wissen, wie der Wechselkurs zwischen Währungen, also das Verhältnis der Preise bestimmt wird.

Wie bereits zu Beginn eingeführt wurde, fusst die neoklassische Ökonomie auf Ricardos Theorie des komparativen Vorteils. Das sogenannte **Kaufkraftparitätsmodell** argumentiert, dass ein Land mit einem Handelsdefizit ausländische Währung kaufen muss, um die Importe zu bezahlen. Dadurch wird die ausländische Währung im Verhältnis zur eigenen Währung des Defizitlandes knapper, sodass der der Preis der letzteren fällt. Diese Abwertung der Währung bedeutet, dass die Exporte eines Landes im Rest der Welt günstiger werden, da die Güterpreise gemessen in nationaler Währung nun tiefer sind, wenn sie in ausländische Währung umgerechnet werden. Gleichzeitig werden die Importe teurer, denn während die ausländischen Güter immer noch den gleichen Preis in ausländischer Währung haben, werden sie in heimischer Währung nun teurer. Dank der Abwertung wird das Defizitland nun wettbewerbsfähiger und kann seine Importe senken bei gleichzeitiger Steigerung der Exporte. Es verbessert seine Handelsbilanz, bis sie wieder ausgeglichen ist. Das Gegenteil geschieht im Fall eines anfänglichen Handelsüberschusses: Die Währung wertet auf, sodass es schwieriger wird, die Exporte zu vermarkten, während es einen Anreiz für höhere Importe gibt, die nun günstiger geworden sind. Freier Handel reguliert sich selbst.

Das Kaufkraftparitätsmodell kann durch das berühmte **Dornbusch-Modell** ergänzt werden. Es integriert zusätzlich die Finanzflüsse (Dornbusch 1976). Unterschiede im Geldangebot zwischen den Ländern führen zu verschiedenen Zinssätzen. Länder mit expansiver Geldpolitik und stark wachsender Geldmenge haben tiefere Zinsen als solche mit restriktiver Politik. Im Vergleich zwischen zwei Ländern ist das Land mit dem höheren Zinssatz attraktiver für Finanzinvestoren. Somit dürfte sich die Nachfrage nach dessen Währung steigern und diese aufwerten. Es dürfte allerdings kaum eine Überraschung sein, dass wir auch in diesem Modell in einem Gleichgewicht enden. Dafür wird ein Gleichgewicht der relativen Preise auf dem Gütermarkt ebenso wie ein Gleichgewicht der Zinssätze auf dem Finanzmarkt benötigt. Der Mechanismus kann kurz wie folgt zusammengefasst werden: Der Wechselkurs passt sich so an, dass sich zuerst ein Gleichgewicht der Zinssätze einstellt. Mit einiger Verzögerung passen sich auch noch die Preisniveaus der Länder so an, dass ein Gleichgewicht mit ausgeglichenem Handel im Gütermarkt hergestellt wird. Weil die Preise auch hier in jenem Land mit der höheren Geldmenge und den tieferen Zinsen stärker steigen als im anderen Land, ist die Geldmenge relative zum Preisniveau letztlich wieder gleich wie am Anfang, sodass auch die Zinsen wieder gleich sind.

Statt noch weiter in die technischen Details dieser Modelle zu gehen, lohnt es sich mehr, die für unsere Analyse relevanten Punkte hervorzuheben. So gewohnt wir die Erklärungen der Mainstream-Ökonomie für Wechselkursschwankungen auch sein mögen, sie basieren auf falschen Annahmen. Erstens, weshalb sollte der Preis einer Währung automatisch hochgehen, wenn die Nachfrage für diese Währung zunimmt? Das wäre der Fall, wenn Geld ein knappes Gut wie eine gewöhnliche Ware wäre. Das ist es aber nicht, **Geld ist an die Gewährung von Krediten gebunden.** Dadurch kann grundsätzlich jede Nachfrage nach einer Währung durch das Bankensystem befriedigt werden, das die entsprechenden Geldeinheiten ohne Produktionskosten zur Verfügung stellen kann. Der Wechselkurs muss sich deswegen nicht ändern.

Zweitens können sich die Exporte und Importe auch aufgrund unterschiedlicher Wachstumsraten zwischen den Ländern ändern. Beispielsweise führt ein höheres Wachstum in einem Land relativ zuverlässig zu einem Anstieg seiner Importe, da sich die Bevölkerung ein höheres Konsumniveau leisten kann. Aus diesem Grund werden die Handelsflüsse nicht nur durch die relativen Preise zwischen den Ländern bestimmt, sondern ebenso – und gemäss empirischer Evidenz deutlich stärker – durch die gesamte makroökonomische Dynamik. Schliesslich ist der nicht-lineare Zusammenhang zwischen der Geldpolitik und der Inflation bekannt. Wir wissen, dass eine Veränderung in der Geldmenge, die die Zinsen bewegen soll, nicht einfach zu einem proportionalen Anstieg der Preisniveaus führt, welche alle Variablen auf wundersame Weise zurück ins Gleichgewicht bringen.

Angesichts dieser Schwächen geht es darum, eine bessere Erklärung für die Schwankungen des Wechselkurses zu finden. Dazu starten wir mit dem **nominalen Wechselkurs,** also dem relativen Wert der Währungen, und betrachten danach den realen Wechselkurs. Zur Analyse des nominalen Wechselkurses hat die sogenannte Schule der ‚Quantum Macroeconomics' sehr wichtige Beiträge geleistet (siehe Cencini und Schmitt 1991).

Wenn ein Land einen Handelsüberschuss aufweist, erhält es durch die Exporte mehr ausländische Währung als es für die Importe ausgeben muss. Es akkumuliert **Währungsreserven.** Im Fall eines Handelsdefizits kann das Land entweder die Reserven aus vergangenen Überschussperioden verwenden oder einen Kredit in ausländischer Währung beantragen. In diesem Fall verschuldet sich das Land gegenüber dem Rest der Welt. Es wird in Zukunft einen

Handelsüberschuss erzielen müssen, um sich die Währung für die Rückzahlung der Schulden zu verdienen. Nun ist die Handelsbilanz aber nicht der einzige Faktor, der den Bedarf an ausländischer Währung bestimmt. Manche Landesbewohnerinnen und -bewohner erzielen ihr Einkommen im Ausland, während Leute im Ausland dafür in der nationalen Ökonomie ein Einkommen verdienen. Meistens sind dies Erträge aus Investitionen im jeweiligen Ausland. Im spezifischen Kontext der Entwicklungsländer sind auch die sozialen Transfers aus der Entwicklungszusammenarbeit sowie die Rimessen, also Geldsendungen der emigrierten Bevölkerung an ihre Familien von Bedeutung. Im Total resultiert eine Netto-Summe an Einnahmen aus dem Handel und den anderen Finanzflüssen, welche die Leistungsbilanz ausmacht. Die Leistungsbilanz bestimmt den Bedarf an ausländischer Währung. Sie ist in der folgenden Hierarchie der Buchhaltungspositionen vereinfacht in Tab. 6.1 zusammengefasst.

Die sogenannte Kapitalbilanz ist die ‚Rückseite' der Leistungsbilanz. Sie bestimmt deren finanzielle Seite, das heisst, auf welche Weise die ausländische Währung zur Verfügung gestellt wird. Diese könnte beispielsweise von **ausländischen Direktinvestitionen** stammen, also von Investitionen aus dem Ausland in reale Werte in der nationalen Volkswirtschaft. Andererseits fliesst Kapital aus dem Land, wenn inländische Investorinnen oder Investoren im Ausland investieren. Während ausländische Direktinvestitionen in der Regel langfristig orientiert sind, können Finanzflüsse auch sehr kurzfristig und **spekulativ** ausgerichtet sein. Wie noch diskutiert werden wird, fliessen diese möglicherweise plötzlich und so schnell aus dem Land, wie sie gekommen sind. Im Ausmass wie die Zuflüsse an ausländischem Kapital ungenügend sind, um ein Leistungsbilanzdefizit zu decken, muss das Land einen ausländischen Kredit beantragen. Im gegenteiligen Fall erhöhen überschüssige Kapitalzuflüsse die Devisenreserven der Zentralbank.

Tab. 6.1 Die Zusammensetzung der Leistungsbilanz

	Export von Gütern und Dienstleistungen
−	Import von Gütern und Dienstleistungen
=	**Handelsbilanz**
+	Erträge aus Investitionen im Ausland zugunsten von Inländern
−	Erträge aus ausländischen Investitionen zugunsten von Ausländern
+	Netto-Transfers (z. B. Rimessen, soziale Transfers)
=	**Leistungsbilanz**

Die Summe der Leistungsbilanz und der Kapitalbilanz ergibt die Zahlungsbilanz. Logischerweise ist die Zahlungsbilanz immer ‚ausgeglichen', weil die Leistungsbilanz und die Kapitalbilanz immer die gleiche Summe haben. Wenn ein Land eine positive Leistungsbilanz ausweist, wenn es also mehr Erträge gegenüber dem Rest der Welt erzielt als der Rest der Welt gegenüber der eigenen Volkswirtschaft, steigt das Netto-Guthaben gegenüber dem Ausland, der Überschuss ist in diesem Sinn im Ausland investiert. Im gegenteiligen Fall gibt es einen Netto-Abfluss an fremder Währung, der durch Kapitalzuflüsse gedeckt werden muss. Aus diesem Grund ist die Zahlungsbilanz in Tat und Wahrheit weder eine Gleichung noch ein Gleichgewicht, sondern eine Identität. Leistungsbilanz und Kapitalbilanz beschreiben die zwei Seiten des gleichen Gegenstandes.

Um die Zusammensetzung der Zahlungsbilanz besser verständlich zu machen, zeigt die folgende vereinfachte Darstellung in Tab. 6.2 eine typische Zahlungsbilanz eines Entwicklungslandes in einem bestimmten Jahr.[1] Dabei ist es wahrscheinlich, dass das Land ein Handelsbilanzdefizit aufweist und ein Netto-Schuldner ist, sodass Netto-Abflüsse aus den grenzüberschreitenden Kapitalerträgen vorliegen. Andererseits sind Rücksendungen von Emigrantinnen und Emigranten an die Familienmitglieder in der Regel positiv und substanziell; dasselbe gilt für finanzielle Hilfen aus der Entwicklungszusammenarbeit. In einer Phase makroökonomischer Stabilität ist es gerechtfertigt anzunehmen, dass es im Durchschnitt Netto-Zuflüsse ausländischer Direktinvestitionen ebenso wie passiver Portfolio-Anlagen gibt. Soweit diese Finanzflüsse nicht ausreichen, um das externe Defizit zu decken, muss sich das Land zusätzlich verschulden, womit der bisherige Schuldenbestand um diesen Betrag ansteigt. Wenn die Kapitalzuflüsse und der Anstieg der Auslandsschulden über dem Bedarf liegen, der für das Leistungsbilanzdefizit benötigt wird, werden die zusätzlichen Devisen den offiziellen Reserven zugewiesen. In einer Situation wie der hier beschriebenen ist ein konstanter Anstieg der Reserven jedoch unwahrscheinlich, während eine kontinuierliche Abnahme nicht verkraftet werden kann und deshalb ebenfalls ausgeschlossen ist.

---

[1]Es sei darauf hingewiesen, dass der Begriff ‚Bilanz' für die makroökonomische Buchhaltung der internationalen finanziellen und realen Flüsse nicht wirklich geeignet ist. Bilanzen definieren in der Regel Bestandesgrössen zu einem bestimmten Zeitpunkt, während die Zahlungsbilanz Flussgrössen über eine bestimmte Zeitperiode hinweg beschreibt.

Tab. 6.2 Beispiel einer Zahlungsbilanz eines Entwicklungslandes

Leistungsbilanz		Kapitalbilanz	
Netto-Export von Gütern und Dienstleistungen	<0	Ausländische Direktinvestitionen	>0
Netto-Einkommen aus grenzüberschreitenden Investitionen	<0	Netto-Portfolioflüsse	>0
Rimessen aus dem Ausland	>0	Anstieg der Netto-Auslandsschulden	>0
Ausländische Finanzhilfe	>0		
Veränderung der Devisenreserven	≈0		
Total	**X**	**Total**	**X**

6.2 Erklärung der Wechselkursschwankungen

Nun also die Frage: Woher kommen die Schwankungen im Wechselkurs? Die Antwort ist nicht offensichtlich und bleibt oft unentdeckt. Im heutigen internationalen Geldsystem unterscheiden sich **internationale Zahlungen** von solchen innerhalb einer nationalen Ökonomie. Stellen wir uns den Fall vor, in dem eine Person im Ausland eine Zahlung zu einer anderen Person in einem bestimmten Land mit anderer Währung tätigen möchte. Während die Zahlung in einer Leitwährung – meistens dem US Dollar – abgewickelt wird, erhält die Empfängerin den Betrag in nationaler Währung. Dies funktioniert wie folgt: Im Allgemeinen bedeutet eine Zahlung, dass der Besitz einer Bankeinlage vom Zahler zur Empfängerin wechselt. Bei internationalen Zahlungen wie in unserem Beispiel gelangen die vom Zahler angebotenen US Dollars nicht direkt zur Empfängerin. Tatsächlich ist es so, dass die Bank der Empfängerin die Einlage in Dollar erhält und gleichzeitig den entsprechenden Betrag in nationaler Währung dem Konto der Empfängerin gutschreibt. Als Resultat wächst die Bilanz der Bank. Auf der Seite der Guthaben gibt es nun die neue Einlage in US Dollars. Dies bedeutet dennoch nicht, dass die Bank einen Gratis-Gewinn einfährt. Der Dollar-Einlage steht eine Einlage bzw. ein erhöhter Kontostand der Empfängerin auf der Seite der Verbindlichkeiten der Bank gegenüber.

Es ist wichtig zu verstehen, dass diese neue Einlage in inländischer Währung **neu geschaffenes Geld** ist. Gleichzeitig bleibt die Bilanz der ausländischen Bank, die die Zahlung auslöste, gleich gross. Die Bilanz schrumpft nicht, weil die Einlage in US Dollars weiterhin in der Bilanz der ausländischen Bank existiert. Der einzige Unterschied ist, dass der Besitz dieser Einlage gewechselt hat,

6.2 Erklärung der Wechselkursschwankungen

nämlich zum Bankensystem des Empfängerlandes. Die Summe beider Bilanzen wächst also. Insgesamt entstehen damit neue Geldeinheiten, welche die Empfängerbank als Einlage in nationaler Währung ihrer Bilanz hinzufügt.[2] In einer detaillierteren Analyse müssten wir korrekterweise nicht nur von einzelnen Banken sprechen, sondern von den jeweiligen nationalen Bankensystemen, da die Währungsreserven, die ein Land erhält, in die Bilanz der Zentralbank eingehen. Wir können hier jedoch ohne Verlust der allgemeingültigen Logik vereinfachend annehmen, dass die betreffenden Bankensysteme jeweils aus nur einer Bank bestehen.

Wir sehen, dass eine internationale Zahlung die Geldmenge in einer Ökonomie ohne globale Reservewährung erhöht. Eine darauffolgende weitere Zahlung in die gegensätzliche Richtung zur oben beschriebenen ist demselben Mechanismus ausgesetzt: Die Zahlerin bezahlt mit nationaler Währung, während ihre Bank die Einlage in fremder Währung nutzen kann, um die Zahlung auf das Konto des Empfängers im Ausland zu tätigen. Die Bilanz der Bank schrumpft wieder. Alternativ, besonders dann, wenn keine Reserven mehr verfügbar sind, muss die Bank einen Kredit in fremder Währung beantragen, um die Zahlung im Sinne der Zahlerin ausführen zu können. In diesem Fall ist es die Bilanz der Bank des Empfängers im anderen Land, die anwächst. Der Fall des Defizitlandes wird später detailliert betrachtet. Es ist nicht sehr wahrscheinlich, dass ein Bankensystem systematisch seine Reserven aufbraucht, um die Rechnung für Güterimporte zu begleichen. Die Reserven werden in der Regel für andere Zwecke benötigt, wie wir sehen werden. Handelsdefizite werden normalerweise soweit notwendig über einen Anstieg der **Auslandsschulden** bezahlt.

Solche neuen Bankeinlagen, die im Verlauf von internationalen Zahlungen geschaffen werden, werden behandelt, als ob sie nicht nur Geldeinheiten, sondern eigenständige Vermögenswerte wären. Als solche können sie gehandelt werden. Dies geschieht auf den **Devisenmärkten,** wo Geschäftsbanken und Zentralbanken die wichtigsten Händler sind. Zusätzlich bewegen sich auch grosse multinationale Konzerne und grosse Hedge Funds auf diesen Märkten. Wenn wir sagen, dass Währungen gehandelt werden, meinen wir damit eigentlich den Handel mit Bankeinlagen, die auf verschiedene Währungen lauten

---

[2] Man kann also sagen, dass die die Einlagen verdoppelt werden, denn die Einlage in Fremdwährung wird nun in der Bilanz der einheimischen Bank verbucht, während sie ebenfalls in der Bilanz der ausländischen Bank verbleibt. Dieser Mechanismus der ‚monetären Verdoppelung' wurde zuerst von Jacques Rueff (1963) thematisiert. Für Details siehe Cencini (2000).

(ob sich die Akteure dessen bewusst sind oder nicht). Während das eigentliche Geld nie knapp und daher auch nicht ein eigener Vermögenswert sein kann, liegen die Dinge bei den hier geschilderten Bankeinlagen anders.[3] Der Tausch von Einlagen in verschiedenen Währungen bedeutet, dass sie einen Preis haben, der in der jeweils anderen Währung ausgedrückt wird. Dieser relative Preis ändert sich aufgrund der Bedingungen von Angebot und Nachfrage im Devisenmarkt. Damit lassen sich die **Schwankungen des Wechselkurses** erklären.

Inwiefern unterscheidet sich diese Erklärung der Wechselkursbestimmung von den bekannteren Varianten der Mainstream-Ökonomie? Erstens ändert sich der Wechselkurs nicht automatisch, wenn ein Handelsbilanzüberschuss oder -defizit vorliegt. Obwohl es eine indirekte Verbindung dazwischen gibt, wie wir sehen werden, sind wir zum Resultat gelangt, dass die Natur des Geldes als Produkt des Bankensystems die Möglichkeit stabiler Währungen unabhängig von den Handelsgleichgewichten oder -ungleichgewichten bietet. Zweitens ist der Wechselkurs, der vom Angebot an und der Nachfrage nach Währungen im Devisenmarkt bestimmt wird, verschiedensten Einflüssen ausgesetzt, die zu einem sehr ungewissen Verlauf dieses Kurses führen können.

Es gibt daher einige zentrale Faktoren, die einen Einfluss auf den Wert einer Währung ausüben, wobei mit Wert in diesem Zusammenhang der Preis einer Währung ausgedrückt in einer anderen Währung gemeint ist. Einer dieser Faktoren sind **internationale Zinszahlungen.** Auslandsschulden verlangen durch Zinszahlungen bedient zu werden, wobei die Zinsen ebenfalls in ausländischer Währung geschuldet sind. Dafür muss die Bank (bzw. das Bankensystem) im Devisenmarkt nationale Währung gegen ausländische Währung anbieten.[4] Daraus folgt, dass bei einem gegebenen Wechselkurs ein Überschussangebot an inländischer Währung relativ zu ausländischer Währung entsteht. Konsequenterweise tendiert die inländische Währung deshalb zur Abwertung. Die Mechanik des Schuldendienstes bei Auslandsschulden impliziert auch, dass Handelsungleichgewichte tatsächlich einen Einfluss auf den Wechselkurs haben

---

[3]Im Detail: Vom Prinzip des Geldkreislaufs her wissen wir, dass das Geld mit der Produktion zusammenhängt und daher mit dem Output identifiziert werden kann. Der internationale Handel führt nun jedoch zur Bildung neuer Einlagen, denen kein entsprechender Output gegenübersteht. Aus diesem Grund entstehen die Währungsreserven, die gehandelt werden können, als ob sie eigene Vermögenswerte wären.

[4]Darin unterscheidet sich die Zahlung für den Schuldendienst von jenen im internationalen Handel, wo der Devisenmarkt nicht involviert ist, sofern Handelsdefizite mit Krediten gedeckt werden.

6.2 Erklärung der Wechselkursschwankungen

können. Je höher das Handelsbilanzdefizit, desto grösser ist das Leistungsbilanzdefizit und folglich auch die Auslandsschuld. Ein grösseres Handelsbilanzdefizit geht normalerweise mit einer höheren Zinslast auf den Auslandsschulden einher, woraus sich ein Abwertungsdruck auf die Währung ergibt.

Als zweiter Faktor beeinflussen die Profiterwartungen die Attraktivität einer Währung. Je höher das Zinsniveau in einem Land, desto höher sind die Renditen, die mit einer Bankeinlage oder mit dem Kauf von Anleihen erzielt werden können. Dasselbe Argument betrifft die Profitabilität in der Ökonomie beziehungsweise den gesamtwirtschaftlichen Zustand. Wenn die Profitrate in einer Volkswirtschaft als überdurchschnittlich wahrgenommen wird, steigt die Nachfrage nach der Währung dieser Volkswirtschaft, weil sie im Land gewinnbringend investiert werden kann. Die Währungen der Ökonomien mit relativ **hohen Zinssätzen oder Profitraten** tendieren zur Aufwertung gegenüber anderen Währungen, weil sie im Devisenmarkt stärker nachgefragt werden.

Die gemeinsame Auswirkung dieser beiden Variablen auf den Wechselkurs ist allerdings weniger vorhersehbar, denn die Beziehung zwischen dem Zinssatz und der Profitrate ist komplex und höchstwahrscheinlich verändert sie sich über die Zeit hinweg. Einerseits kann eine hohe Profitrate höhere Zinssätze verkraften, ohne selbst zu sehr beeinträchtigt zu werden. Andererseits können tiefe Zinsen die Profitrate hochtreiben, weil sie die Investitionstätigkeit beschleunigen. Dies ist speziell der Fall, wenn ein tiefer Zinssatz spekulative Investitionen auf den Finanzmärkten auslösen, weil das Kapital nach alternativen Profitquellen sucht. Steigende Preise der Finanztitel generieren zumindest für eine gewisse Zeit ausserordentliche Profite. In diesem Szenario sind die Profiterwartungen tief in Bezug auf die Zinsen auf Bankeinlagen oder Anleihen, aber hoch bei den Profiten aus der Produktion oder der Spekulation. Der Einfluss auf den Wechselkurs bleibt daher letztlich zwiespältig.

Drittens gibt es auch rein spekulative Transaktionen auf den Devisenmärkten. Finanzinvestoren können Handel mit Währungen betreiben, um von Wechselkursänderungen zu profitieren, während sie dadurch selbst Fluktuationen im Wechselkurs auslösen. Ein Teil davon kann in Kapitalflucht bestehen, die ebenfalls den Wechselkurs beeinflusst. **Kapitalflucht** kann über verschiedene Kanäle stattfinden. Vermögende wollen dabei ihr Vermögen ausser Land schaffen, indem sie ausländische Währung kaufen, wodurch eine Währungsabwertung ausgelöst wird. Solche Bewegungen können plötzlich zu unkontrollierbarer Grösse anwachsen, sodass die Zentralbank zur Verteidigung der Wechselkursstabilität intervenieren muss, indem sie Währungsreserven im Devisenmarkt anbietet. Wenn die Reserven knapp werden, sind die Notenbanker gezwungen, die Währung abzuwerten.

Kapitalflucht ist ein komplexes Phänomen. Sie kann legale Wege über gewöhnliche internationale Zahlungen ebenso wie über illegale Transaktionen gehen. Die Motivation dahinter ist in der Regel, dass das Vermögen als gefährdet betrachtet wird. Die Gründe sind häufig höhere Steuern, Entwicklungsstrategien, welche stärkere staatliche Interventionen vorsehen, oder Enteignung. Der Abfluss von finanziellem Vermögen bedeutet, dass das jeweilige Land der Ressourcen beraubt wird, die nicht mehr für produktive Aktivitäten eingesetzt werden können. Kapitalflucht kann auch durch die Angst vor einer Entwertung der Vermögen aufgrund von Inflation oder Währungsabwertung einsetzen. Als Antwort auf eine erste Abwertung tendiert der Kapitalabfluss sich weiter zu beschleunigen, weil sich die Reichen aus Furcht vor einer kontinuierlichen Vermögensentwertung auf die Suche nach einem ‚sicheren Hafen' für ihre Werte machen. Dabei wird ein selbstverstärkender Abwertungsprozess ausgelöst.

Selbstverständlich kann auch das Gegenteil von Kapitalflucht geschehen. Wellen von Kapitalzuflüssen über den Devisenmarkt erzeugen einen **Aufwertungsdruck auf die Währung**. Der Mechanismus funktioniert wie im oben beschriebenen vereinfachten Beispiel mit zwei Ländern und zwei Banken. Ausländische Vermögende möchten ihr Geld, also genau genommen ihre Bankeinlage in ausländischer Währung, in ihr Zielland transferieren. Das bedeutet, dass die Bank dieses Landes mit dieser Zahlung ausländische Währung erhält, die den offiziellen Währungsreserven zugeschlagen werden. Die ausländische Person erhält eine neue Bankeinlage zum entsprechenden Geldbetrag in nationaler Währung. Wieder beobachten wir einen Anstieg der verfügbaren Geldmenge in der Ökonomie. Der ausländische Investor kann damit reale oder finanzielle Werte wie Immobilien oder Aktien in der Volkswirtschaft seines neuen Landes erwerben, womit er zur Bildung von **Finanzblasen** beiträgt.

Auf dieselbe Weise steigt in Zeiten starker Kapitalzuflüsse die Nachfrage nach der entsprechenden nationalen Währung im Devisenmarkt. Die Zentralbank könnte diese gesamte Nachfrage befriedigen, indem sie sämtliches Geld in nationaler Währung zu einem stabilen Wechselkurs zur Verfügung stellt. Damit würde eine Aufwertung verhindert, welche eventuell schädlich für die heimische Volkswirtschaft und ihren Exportsektor wäre. Die Stabilität des Wechselkurses führt allerdings dazu, dass als Antwort auf die Kapitalzuflüsse mehr Geldeinheiten in nationaler Währung geschaffen werden verglichen mit dem Fall, wo eine Aufwertung zugelassen wird.

Diese Erklärungen geben nur eine ungefähre Vorstellung der Dynamiken auf den Devisenmärkten. Sie genügen zumindest, um zu erkennen, dass die Bestimmung des nominalen Wechselkurses sehr komplex ist. Die verschiedenen Einflussfaktoren verändern sich in ihrem relativen Gewicht und in ihrer

Wirkungsrichtung. Die Ungewissheit ist dabei sehr gross, da die Spekulation im Devisenmarkt auch davon beeinflusst wird, welchen Wechselkurs die Akteure effektiv erwarten, was wiederum zu zusätzlichen Schwankungen beiträgt.

6.3 Kein automatisches Handelsgleichgewicht

Letztlich werden die internationalen Handelsflüsse jedoch nicht durch den nominalen, sondern durch den **realen Wechselkurs** mitbestimmt. Deshalb müssen wir dem nominalen Kurs die Preise hinzufügen. Ist der nominale Kurs einmal gegeben, dann sind die Exporte umso wettbewerbsfähiger, je tiefer ihre Preise im Vergleich zum Rest der Welt sind. Wenn also die nationale Währung abwertet, gewinnt die Volkswirtschaft keinen Wettbewerbsvorteil für ihre Exporte, wenn die Preise dieser Exporte gleichzeitig um den gleichen Betrag steigen. Als weiteres Beispiel können wir uns einen stabilen nominalen Wechselkurs vorstellen, während der Rest der Welt eine höhere Inflationsrate als die heimische Ökonomie aufweist. Daraus folgt ein zunehmend höheres Preisniveau im Ausland, wodurch die heimische Volkswirtschaft einen Wettbewerbsvorteil gewinnt.

In der neoklassischen Theorie ergänzen der nominale Wechselkurs und die relativen Preisniveaus einander. Wenn ein zu hohes Geldangebot in der nationalen Ökonomie eine Inflation auslöst, wertet sich der nominale Wechselkurs ab, sodass das ursprüngliche Gleichgewicht wiederhergestellt ist. Wenn der Wechselkurs flexibel ist, passt er sich den flexiblen relativen Preisen an. Sofern der Wechselkurs fixiert ist (aus Gründen, die noch erklärt werden), dann passen sich stattdessen die relativen Preise entsprechend an. In beiden Fällen haben wir am Schluss wieder den realen Gleichgewichtswechselkurs vorliegen, der wie im Kaufkraftparitätsmodell einer ausgeglichenen Handelsbilanz entspricht.

Eine realistischere Sicht ist gleichzeitig eine weniger harmonische. Um diese zu entwickeln, nehmen wir für den Moment den nominalen Wechselkurs als gegeben an. Für das Verständnis des Schrittes vom nominalen zum realen Wechselkurs ist die Analyse auf der Grundlage der klassischen Ökonomie hilfreich.[5] Die Güterpreise setzen sich aus den **Produktionskosten** und den Profiten zusammen. Die Produktionskosten lassen sich wiederum in Löhne und Materialinputs aufteilen. Letztere werden ebenfalls von Arbeitskräften produziert, die möglicherweise anderes Rohmaterial dafür verwenden. Letztlich sind die

---

[5]Siehe Shaikh (2016), der entscheidende Beiträge zum Verständnis der realen Wechselkurse geliefert hat.

Produktionskosten eine Zusammenstellung von Löhnen. Die Arbeitskräfte produzieren zu einem bestimmten Produktivitätsniveau. Je höher die Produktivität, desto tiefer sind die Stückpreise und umso tiefer fallen deshalb die Preise aus. Andersherum erlaubt eine höhere Produktivität höhere Löhne, ohne die Produktionskosten hochzutreiben.

Basierend auf der Erkenntnis von Marx (2004, S. 180) neigen Profitraten dazu, sich sowohl über die verschiedenen Sektoren hinweg wie auch international auszugleichen. Daraus folgt, dass die Preise an die Produktionskosten gebunden sind. Wenn die Produktionskosten steigen, gehen die Preise mehr oder weniger proportional mit hoch, weil überall die proportional gleichen Profite hinzugeschlagen werden. Aus diesem Grund können wir sagen, dass das relative Preisniveau zweier Länder durch das Verhältnis ihrer Produktionskosten bestimmt wird. Das Land mit den tiefen Produktionskosten hat einen Wettbewerbsvorteil.

Diese Erkenntnis hat weitreichende Konsequenzen. Weil ein Wettbewerbsvorteil auf tiefere Produktionskosten zurückzuführen ist, ist der **Vorteil absolut und nicht nur komparativ** in dem Sinne, dass es einem Land nichts hilft, sich auf einen bestimmten Sektor zu spezialisieren, sodass am Schluss alle Länder besser dastehen. Das Land mit den tieferen Produktionskosten tendiert zu einem Handelsbilanzüberschuss in allen Sektoren gegenüber dem Land mit höheren Kosten. Letzteres sieht sich einem Defizit anstelle eines sich selbst ausgleichenden Handels gegenüber. Ricardos Theorie hilft uns hier nicht weiter.

Um den Unterschied zwischen dem Mainstream und der hier eingeführten klassischen Erklärung des Wechselkurses besser zu verstehen, nehmen wir an, dass unser betrachtetes Land höhere Produktionskosten hat als sein Handelspartner. In der Erklärung des Mainstreams würde die Währung nun einfach abwerten, bist die Produktionskosten gleich hoch sind, womit sich der Handel wieder ausgleichen würde. Allerdings bedeutet eine abgewertete Währung für ein Land, dass die Importe teurer werden. Damit können sich die Arbeiterinnen und Arbeiter dieses Landes weniger Güter leisten. Der Effekt der Abwertung sind gleichbleibende Löhne in nominalen Grössen, aber eine Lohnsenkung in realen Verhältnissen. Die Löhne sind in der nationalen Währung ausgedrückt gleich gross, ihre Kaufkraft hat aber aufgrund der teureren Importe abgenommen. Tiefere Reallöhne sind gleichbedeutend mit tieferen realen Produktionskosten. Die Arbeiterinnen und Arbeiter versuchen dem entgegenzuwirken, indem sie für höhere Löhne kämpfen, um ihre Kaufkraft wiederherzustellen. Sobald die Kaufkraft zurückgewonnen ist, sind auch die Produktionskosten zurück auf dem Ausgangsniveau. Dasselbe trifft auch auf die relativen Preise zwischen den zwei Ländern zu. Sofern die Kaufkraft nicht durch höhere Löhne zurückgewonnen werden kann, bleibt der Wettbewerbsvorteil bestehen.

Unterschiede zwischen den Produktionskosten können für eine unbestimmte Zeit fortbestehen. Es gibt **keinen ausgleichenden Mechanismus,** der automatisch zu einem Handelsgleichgewicht führen würde. Dass sich Handelsbilanzdefizite und -überschüsse oft für lange Zeit nicht ausgleichen, zeigt beispielsweise das Leistungsbilanzdefizit der USA seit den 1970er Jahren. Änderungen im nominalen Wechselkurs beeinflussen den realen Wechselkurs im Ausmass wie sie auf das Verhältnis der Produktionskosten wirken. Im obigen Beispiel bedeutet dies, dass die Arbeiterinnen und Arbeiter nach einer Währungsabwertung ihre ursprüngliche Kaufkraft teilweise, aber nicht vollständig zurückgewinnen.

6.4 Instrumente zur Kontrolle des Wechselkurses

Weder der nominale noch der reale Wechselkurs werden durch Mechanismen bestimmt, die automatisch zu Stabilität und einem Gleichgewicht mit ausgeglichenem Handel führen würden. Vielmehr wird der Wechselkurs durch zahlreiche Faktoren beeinflusst, deren relatives Gewicht ungewiss und über die Zeit hinweg variabel ist. Was ist aber eigentlich das Problem von Wechselkursschwankungen? Davon gibt es viele.

Wie erwähnt führt eine Währungsabwertung zu höheren Importpreisen, wenn diese in die inländische Währung umgerechnet werden. Über die Materialinputs in der Produktion wirken sie weiter bis ins allgemeine Preisniveau der Volkswirtschaft. Die resultierende Inflation hat die wohlbekannten Effekte wie Instabilität und Verzerrung in den Preissignalen und dadurch eine reduzierte Effizienz in der Ressourcenallokation zur Folge. Die **inflationären Auswirkungen einer Wechselkursabwertung** können sehr stark sein. Sie erhöhen die Unsicherheit für Investoren und können dabei eine weitere Abwertung aufgrund des Abflusses von Investitionen hervorrufen. Wenn ausserdem die Abwertung das offizielle wirtschaftspolitische Ziel war, um die **internationale Wettbewerbsfähigkeit** zu verbessern, dann macht die resultierende Inflation die Gewinne zumindest teilweise zunichte, sodass der Druck zunimmt, die Währung noch stärker abzuwerten. Wir sehen einmal mehr, dass eine Wechselkursabwertung selbstverstärkend sein kann.

Darüber hinaus bedeutet eine schwächere Währung, dass die bisherigen **Auslandsschulden schwerer wiegen.** Es muss mehr Geld in inländischer Währung verdient und gegen ausländische Währung getauscht werden, um dieselbe Höhe an Schulden zu bezahlen. Das ist ein existenzielles Problem für alle Schuldner, die Geld in ausländischer Währung schulden. Speziell Banken können in ernste Schieflage geraten, wenn ihre Vermögenswerte auf nationale Währung lauten, die Verbindlichkeiten aber auf ausländische Währung. Für die Volkswirtschaft bedeutet eine abgewertete Währung, dass mehr Güter exportiert werden müssen, um in Zukunft die Auslandsschulden bezahlen zu können. Je grösser die Schuldenlast, desto höhere Zinsen verlangen die ausländischen Gläubiger, um das höhere Ausfallsrisiko zu decken. Höhere Zinsen verstärken wiederum die Schuldenlast. Banken und Firmen mit Auslandsschulden reagieren möglicherweise auf diese Situation, indem sie ihre Investitionstätigkeit einschränken und Profite einbehalten, um ihre Bilanzen aus der Schieflage zu bringen. Beide Effekte schwächen die Nachfrage und bremsen die Ökonomie insgesamt. Dies ist insbesondere für Entwicklungsländer relevant, weil sie stärker auf Finanzierung in ausländischer Währung angewiesen sind als die Industriestaaten, welche sich einfacher in eigener Währung verschulden können aufgrund der von den Investoren wahrgenommenen Stärke ihrer Volkswirtschaften und Währungen.

Wenn eine Schwächung des Wechselkurses durch Kapitalflucht verursacht wird, ist es sehr gut möglich, dass der **Abwertungsprozess ausser Kontrolle** gerät, weil es diese ausgeprägte selbstverstärkende Tendenz gibt. Die Abwertung kann deshalb zu einer Bankenkrise führen, denn die grössere Last der Auslandsschulden kann für die Banken den Konkurs bedeuten. Eine Bankenkrise ihrerseits kann sich zu einer Währungskrise verstärken, in der die kontinuierliche Abwertung der nationalen Währung im schlimmsten Fall Hyperinflation und den Zusammenbruch der wirtschaftlichen Aktivitäten nach sich zieht. Bankenkrisen und Währungskrisen gehen oft Hand in Hand.

Der gegenteilige Fall einer Währungsaufwertung hat dementsprechend gegenläufige Auswirkungen. Die Importpreise fallen, sodass die Produktionskosten sinken. Gleichzeitig entsteht Druck auf die Exportpreise, um weiterhin im Weltmarkt mithalten zu können. Die aus diesen zwei Faktoren resultierende **Deflation** verleitet die wirtschaftlichen Akteure dazu, geplante Ausgaben zu verschieben mit der Absicht, dass diese in Zukunft günstiger werden. Der entsprechende Rückgang der effektiven Nachfrage schwächt die volkswirtschaftliche Dynamik und löst unter Umständen sogar eine Rezession aus. Andererseits hat eine Währungsaufwertung den möglichen Vorteil, dass die Auslandsschulden leichter zu tragen sind. Sofern jedoch das betreffende Land in der Vergangenheit Leistungsbilanzüberschüsse einfuhr, führt die Stärkung des Wechselkurses zu einer Entwertung der Devisenreserven.

Das bekannteste Argument zugunsten einer Währungsabwertung besteht im Erlangen eines internationalen Wettbewerbsvorteils, welcher ein Handelsbilanzdefizit in einen Überschuss verwandelt. Eine solche Strategie kann erfolgreich sein. Abgesehen davon, dass eine Abwertung aufgrund einer dadurch ausgelösten Inflation zu einer realen Wiederaufwertung führen kann, hängt der Erfolg jedoch von der sogenannten **Marshall-Lerner-Bedingung** (siehe Blecker und Setterfield 2019, S. 468–470) ab. Diese Bedingung besagt, dass die Expansion der Netto-Exporte infolge einer Wechselkursabwertung stark genug ist, um die Handelsbilanz zu verbessern. Eine Währungsabwertung erhöht tendenziell das Volumen der Exporte und reduziert jenes der Importe. Dies ist der Quantitätseffekt. Die Quantitäten werden nun jedoch anders bewertet. Dasselbe Exportgut ist im Ausland nun günstiger zu kaufen, was bedeutet, dass es in ausländischer Währung gemessen weniger Ertrag bietet. Andererseits wird ein importiertes Gut teurer, wenn es in nationaler Währung gemessen wird. Diese zwei Auswirkungen beschreiben den Preiseffekt. Deshalb verbessert eine Wechselkursabwertung die Handelsbilanz nur, wenn der Quantitätseffekt stärker ist als der Preiseffekt. Damit eine Währungsabwertung wirksam ist, darf die Wirkung der erhöhten Exportmengen und reduzierten Importmengen nicht durch die veränderten Export- und Importpreise zunichte gemacht werden.

Insgesamt haben sowohl eine Währungsabwertung als auch eine -aufwertung ihre jeweiligen Vorteile. Sie bringen aber auch grosse Probleme mit sich. Eine Anpassung des Wechselkurses kann unter gewissen Umständen angemessen sein. Um makroökonomische Stabilität zu garantieren, muss sie jedoch kontrolliert stattfinden, was allerdings kaum der Fall ist angesichts der Mechanismen, die den Wechselkurs bestimmen.

Das Bedürfnis nach der Kontrolle des Wechselkurses hat die Zentralbanken dazu geführt, **Wechselkursanbindungen** einzuführen. Ein fixierter Wechselkurs bedeutet, dass eine Zentralbank einen Zielwert für den Kurs zwischen der nationalen und einer ausgewählten globalen oder regionalen Reservewährung festlegt. Im Prinzip kann sich eine Anbindung auch auf einen Währungskorb, also mehrere gewichtete ausländische Währungen ausrichten. Um den Zielwert zu erreichen, interveniert die Zentralbank im Devisenmarkt. Wenn die nationale Währung zur Schwäche gegenüber der ausländischen Ankerwährung neigt, gibt sie entsprechende Reserven der Ankerwährung frei, indem sie mit diesen eigene Währung aufkauft. Dadurch erhöht sich die Nachfrage nach der eigenen Währung, während das Angebot an Ankerwährung zunimmt. Wenn sich die nationale Währung handkehrum über den angepeilten Wechselkurse hinaus aufwertet, werden zusätzliche Reserven im Austausch gegen nationale Währung erworben, wodurch neue Einlagen in nationaler Währung geschaffen werden. Diese Massnahme macht die ausländische Währung im Devisenmarkt knapper und erhöht die Verfügbarkeit von nationaler Währung.

Es gibt eine überaus ausführliche und weit zurückreichende Debatte darüber, ob ein System mit frei schwankenden oder angebundenen Wechselkursen besser sei.[6] Letzteres hat einen offensichtlichen Vorteil: Es hilft, die Inflation tief zu halten, da Wechselkursschwankungen als bedeutende Inflationsquelle beseitigt

---

[6]Für einen (wenn auch nicht neutralen) Überblick der Argumente pro und kontra Wechselkursanbindung siehe Mishkin (1998).

sind. Die makroökonomische Stabilität erhöht sich dadurch. Andererseits sollte die Zentralbank den Zinssatz bei einer Wechselkursanbindung auf ein ungefähr gleiches Niveau wie jener im Land der Ankerwährung setzen. Eine zu grosse Differenz zwischen den Zinssätzen würde Kapitalflüsse zwischen den Ländern auslösen, die Wechselkursfluktuationen hervorrufen. Die Geldpolitik müsste dann umso stärker im Devisenmarkt intervenieren, um die Währungsstabilität garantieren zu können. Deshalb führt eine Wechselkursanbindung zu einem **Autonomieverlust der Geldpolitik** im entsprechenden Land. Die Zentralbank hat nicht mehr die Freiheit, den Zinssatz auf einem beliebigen Niveau festzulegen, das der nationalen Volkswirtschaft am besten dienen würde. Wenn ausserdem die Inflation im Land der Ankerwährung steigt, überträgt sie sich zumindest teilweise auf das Land mit der angebundenen Währung. Dieses Land muss eine höhere Inflation akzeptieren und kann keine Massnahmen dagegen treffen wie beispielsweise eine Erhöhung des Zinsniveaus oder eine schrittweise Aufwertung des Wechselkurses.

Im Weiteren ist es fraglich, ob ein Land über **genügend Devisenreserven** verfügt, um ein Wechselkursziel zu verteidigen, besonders wenn eine sich beschleunigende Kapitalflucht einsetzt oder spekulative Attacken auf die Währung eine Abwertung provozieren. Für den Fall, dass die Zentralbank das Wechselkursziel aufgeben muss, könnte der entsprechende Abwertungsschock viel stärker ausfallen, als wenn ein flexibler Wechselkurs eine schrittweise Anpassung zugelassen hätte. Ebenso könnten Investoren die Einführung einer Währungsanbindung antizipieren und bereits im Voraus ihr Kapital zwischen den Währungsräumen transferieren. Die Einführung wie auch die Abschaffung einer Anbindung sind deshalb für die Geldpolitik mit spezifischen Risiken verbunden. Im Besonderen trifft dies auf Entwicklungsländer zu, die in der Regel nur eine sehr beschränkte Kapazität bereit haben, um ein Wechselkursziel zu verteidigen.

Wenn die Finanzflüsse im Devisenmarkt einen Aufwertungsdruck anstelle eines Abwertungsdrucks auf den Wechselkurs ausüben, ist es einfacher, ein Wechselkursziel zu verteidigen. Alles, was eine Zentralbank dann tun muss, ist es, ausländische Währungsreserven zu erwerben, um die Nachfrage nach der eigenen Währung relativ zur Ankerwährung zu schwächen. Wie wir jedoch bereits erklärt haben, beinhalten solche Käufe die Zahlungen, die zu einem Anstieg der Geldmenge führen, weil die Zentralbank im Tausch gegen Devisenreserven dem Verkäufer der Reserven neue Geldeinheiten in nationaler Währung anbietet. Dieses neue Geld kann von den Investoren genutzt werden, um zusätzliche Nachfrage nach realen und finanziellen Werten beziehungsweise Wertpapieren auszuüben, wodurch Finanzblasen entstehen können. Eine Wechselkursanbindung kann daher auch **zusätzliche Instabilität** mit sich bringen.

6.4 Instrumente zur Kontrolle des Wechselkurses

Abgesehen von den Fluktuationen des Wechselkurses können Kapitalzuflüsse genauso sehr ein Problem für die makroökonomische Stabilität sein wie deren Abflüsse. Es ist allerdings eine Illusion zu glauben, dass ein flexibler Wechselkurs eine vollständig autonome Geldpolitik ermöglicht, die passgenau auf die nationale Volkswirtschaft zugeschnitten werden kann. Sogar Länder mit frei schwankenden Wechselkursen können weder unbegrenzte Abwertungen noch Aufwertungen verkraften. Das bedeutet, dass sie ihre Zinsen so festlegen müssen, dass die **Wechselkursstabilität ungefähr gewährt** ist. Tatsächlich besteht zwischen den Zinssätzen der Zentralbanken verschiedener Länder mittel- und langfristig eine signifikante Korrelation, sie bewegen sich also jeweils mehr oder weniger in die gleiche Richtung (Mohanty 2014). Die Notenbankerinnen und -banker mögen nicht direkt im Devisenmarkt intervenieren, um ein offizielles Kursziel zu realisieren. Die Wechselkursstabilität ist in der Regel jedoch zumindest inoffiziell ein Gegenstand von grosser Wichtigkeit. Die Zinspolitik berücksichtigt diese Tatsache und trifft dann auf das Dilemma, dass sie nicht zwei Ziele gleichzeitig verfolgen kann, nämlich die Wechselkursstabilität und die Unterstützung der nationalen Ökonomie. Dieses Dilemma ist den Zentralbanken in einem flexiblen Regime genauso gut bekannt wie jenen in einem angebundenen System.

Darüber hinaus kann eine Zentralbank wohl überzeugt sein, den Wechselkurs frei schwanken zu lassen, solange die globalen und nationalen makroökonomischen Bedingungen sowieso stabil sind. In turbulenteren Momenten der Krise wird diese Politik möglicherweise sehr bald durch Interventionen im Devisenmarkt ergänzt. Aus diesem Grund sind sich die beiden Positionen bezüglich des Managements der Wechselkurse in der Realität näher als es auf den ersten Blick sichtbar ist. Dies ist schlicht der Tatsache geschuldet, dass beide Herangehensweisen die gleiche begrenzte Zahl an Instrumenten nutzen, um mit den durch Wechselkursschwankungen ausgelösten Problemen fertig zu werden.

> **Box III: die Verletzlichkeit offener Volkswirtschaften – die Asienkrise**
> Die Asienkrise von 1997 ist vielleicht das beste Anschauungsbeispiel dafür, wie Länder durch die internationalen ökonomischen Dynamiken auf ihrem Entwicklungspfad eingeschränkt werden. Die Krise traf Thailand, Indonesien und Südkorea am stärksten, Malaysia, Singapur, die Philippinen, Taiwan und Hongkong waren jedoch ebenfalls betroffen. Als zusätzlichen Effekt verursachten die ausgetrockneten Finanzflüsse globale Auswirkungen, hauptsächlich über einen Einbruch der Aktienpreise in

den Vereinigten Staaten und einem verlangsamten Wirtschaftswachstum in Japan. Die wirtschaftliche Ausgangslage innerhalb der südasiatischen Länder war unterschiedlich, es gab aber auch zahlreiche Gemeinsamkeiten.

Die Länder erfreuten sich hoher Wachstumsraten, die durch den Zufluss von ausländischem Kapital angetrieben wurden. Die ausländischen Investorinnen und Investoren glaubten an hohe Renditen und sorgten sich nicht um die Leistungsbilanzdefizite, die sie kontinuierlich finanzierten. In Tat und Wahrheit fütterte jedoch ein grosser Teil dieses ausländischen Kapitals spekulative Blasen in diesen Ländern. Die Auslandsschulden wuchsen, was nicht ewig gut gehen konnte. In den frühen 1990er Jahren begannen die Vereinigten Staaten, ihre Zinsen anzuheben. Infolgedessen orientierten sich die internationalen Finanzflüsse mehr und mehr in Richtung Nordamerika, wo die Zinserträge nun höher waren. Dies führte zu einer Aufwertung des US Dollars. Für die südasiatischen Länder wurde es schwieriger, ihr damaliges geldpolitisches Ziel, nämlich die Anbindung ihrer Währungen an den US Dollar aufrechtzuerhalten. Zusätzlich setzten nun Kapitalflucht und spekulative Attacken auf die nationalen Währungen ein, sodass die Länder schliesslich gezwungen waren, sie abzuwerten. Angefangen mit der Abwertung des thailändischen Baht, zwangen die Wellen des Finanzkapitals eine Zentralbank nach der anderen dazu, ihr Wechselkursziel aufzugeben.

Die Abwertung der Landeswährungen zog die ersten Fälle der Zahlungsunfähigkeit im Privatsektor bezüglich ausländischer Kredite nach sich. Dies genügte, um einen Niedergang der Vermögenspreise auszulösen, der in ihrem Kollaps endete. Wenig überraschend verursachte die Bankenkrise in Kombination mit der Währungskrise noch mehr Kapitalflucht, welche wiederum die Abwertung der Währungen verstärkte. Die Zentralbanken versuchten den Wert ihrer Währungen durch den Verkauf von Währungsreserven zu verteidigen. Ausserdem setzten sie die Zinssätze herauf, um die Zinsdifferenz ihrer Sätze zu jenen anderer Länder wie den Vereinigten Staaten zu verringern. Der IWF leistete Unterstützung in Form zusätzlicher Kredite, um die Länder mit Devisenreserven auszustatten. Alle diese Massnahmen genügten aber nicht, um den Kollaps der Währungen zu verhindern.

Die Kredite des IWF wurden nicht bedingungslos gewährt, sondern verlangten Strukturanpassungen. Die Regierungen waren gezwungen, die Staatsausgaben zu reduzieren und die Zinsen zu erhöhen, um einen stabilen Wechselkurs als erste Bedingung sicherzustellen. Ironischerweise war es ebenfalls der IWF, der in den Jahrzehnten vor der Krise empfahl, Kapitalkontrollen abzuschaffen, um die globalen Finanzflüsse zu liberalisieren. Im Gegensatz dazu war China durch die Asienkrise weniger betroffen. Dies auch deshalb, weil es den Kapitalverkehr nicht liberalisiert hatte. Bis heute kann der chinesische Renminbi international nicht frei gehandelt werden, was es sehr viel einfacher macht, den Wechselkurs zu kontrollieren.

Die Erfahrung der Asienkrise verstärkte die Kritik am Konsens von Washington, da sie deutlich offenbarte, dass die finanzielle Liberalisierung sehr hohe makroökonomische Risiken mit sich bringt. Eine weitere Folge war, dass das Verleihen von Krediten an Entwicklungsländer nun als riskanter betrachtet wurde. Für Entwicklungs- und Schwellenländer wurden die Risiken von Leistungsbilanzdefiziten und die damit verbundene Fragilität zu bedeutenden Angelegenheiten, die mit Besorgnis begleitet wurden. Viele dieser Länder verfolgten eine Umstrukturierung ihrer Wirtschaftssektoren, um Leistungsbilanzüberschüsse erzielen zu können. Exportgetriebenes Wachstum erschien als der sichere Weg aus der Instabilität. Viele asiatische Schwellenländer folgten dieser Strategie, die ihnen auch erlaubte, Währungsreserven anzuhäufen und sie in Zeiten finanzieller Turbulenzen einzusetzen (Eichengreen 2011, S. 114–115). Während die Asienkrise das Problem der externen Defizite im Prozess des Wirtschaftswachstums aufzeigt, wissen wir auch, dass der exportgetriebene Entwicklungspfad seine eigenen Schwächen hat und zu den heutigen globalen Ungleichgewichten im Handel und den Finanzflüssen beigetragen hat.

6.5 Kapitalverkehrskontrollen als Teil der Lösung

Dies sind einige der Argumente für und gegen die Anbindung des Wechselkurses an eine Ankerwährung. Das perfekte System scheint nicht zu existieren. Aus diesem Grund wird das Instrument der **Kapitalverkehrskontrollen** als möglicher Weg aus dem Dilemma diskutiert. Der Begriff der Kapitalverkehrskontrollen deckt Massnahmen ab, die den Umfang und die Arten von Kapitalflüssen in die und aus der Volkswirtschaft zu kontrollieren und in der Regel zu limitieren versuchen.

Kapitalverkehrskontrollen können verschiedene Formen annehmen wie Verbote spezifischer Investitionsvehikel und Sektoren für ausländische Investoren; eine minimale Verbleibdauer von Kapital in Einlagen des nationalen Bankensystems bevor es wieder ins Ausland abfliessen kann; oder die Besteuerung internationaler Transaktionen, um sie unattraktiv zu machen. Wenn gewissen Transaktionen Barrieren gesetzt sind, können spekulative Investitionen, die von minimalen Wechselkursschwankungen profitieren wollen, reduziert werden. Ausserdem sind kurzfristige Kapitalflüsse von der Möglichkeit abhängig, die Investitionen bei Bedarf schnell zurückzuziehen. Kapitalverkehrskontrollen können dies verhindern und reduzieren dabei nicht nur die Kapitalzuflüsse, sondern auch die Abflüsse. Bei einer geringeren Anzahl Transaktionen ist der Wechselkurs **weniger den Fluktuationen des Devisenmarktes ausgesetzt.**

Es überrascht nicht, dass Kapitalverkehrskontrollen von der Mainstream-Ökonomie kaum unterstützt werden (siehe beispielsweise Rogoff 2002), auch wenn mittlerweile sogar einzelne Stimmen aus dem Mainstream einen Nutzen in ihnen sehen. Die Theorie des allgemeinen Gleichgewichts basiert auf der Annahme, dass der Markt das beste Ergebnis liefert, es also den Nutzen der Individuen maximiert. Gemäss dieser Ansicht sind Kapitalverkehrskontrollen ein Hindernis für die Transaktionen, die es zur Realisierung des effizienten Gleichgewichts braucht. Alles, was die **Kapitalmobilität** behindert, verzerrt zwangsläufig den Markt. Es lässt sich sogar sagen, dass in dem Ausmass, wie die Kapitalverkehrskontrollen ausserdem eine Abwertung oder Aufwertung einer Währung verhindern, sie die wohlfahrtssteigernde Effizienz des internationalen Handels stören. Der Wechselkurs kann dann nämlich das Niveau, das für den ausgeglichenen Handel benötigt wird, nicht erreichen.

Es wird auch argumentiert, dass die Handelsliberalisierung mit der finanziellen Liberalisierung gemeinsam einhergehen sollte. Wenn sich die Güter ohne Handelsbarrieren flexibel bewegen können sollen, muss den Finanzflüssen dasselbe zugestanden werden. Der Abschluss jedes Handels erfordert eine Zahlung und deshalb einen entsprechenden Finanzfluss. Letztere sind zu liberalisieren, damit der Handel so stattfinden kann wie von der Theorie des freien Handels vorgesehen. Wir haben aber festgestellt, dass es keine inhärente Tendenz zu einem ausgeglichenen Handel gibt. Ausserdem führen die Finanzflüsse zu Wechselkursschwankungen wie auch makroökonomische und finanzielle Instabilität. Es gibt damit also ein starkes Argument zugunsten von Kapitalverkehrskontrollen. Wenn die Fluktuationen des Wechselkurses durch dieses zusätzliche Instrument reduziert worden sind, hat die **Zentralbank mehr Handlungsspielraum,** um das konventionelle Instrument der Zinspolitik wieder zugunsten der Bedürfnisse der eigenen Volkswirtschaft einzusetzen.

Es gibt trotzdem einige kritische Punkte bezüglich Kapitalverkehrskontrollen. Sie können umgangen werden, weil es nicht immer einfach ist, die verschiedenen

6.5 Kapitalverkehrskontrollen als Teil der Lösung

Typen von Finanzflüssen zu unterscheiden, sodass die Massnahmen nicht immer wirksam sind, die angepeilten Flüsse zu verhindern. Es ist tatsächlich so, dass der Handel entsprechende Finanzflüsse benötigt, um abgeschlossen werden zu können. Im Ausmass, wie ein Land ein Leistungsbilanzdefizit aufweist, sind Kapitalzuflüsse notwendig. Einige der Zuflüsse wie die ausländischen Direktinvestitionen sind langfristig orientiert. Um also lediglich unnötige spekulative und kurzfristige Kapitalflüsse zu verhindern, nicht aber jene, die für den Handel und produktive Investitionen benötigt werden, dürfen Kapitalverkehrskontrollen nicht zu strikte sein. Damit wird wiederum Raum für **Umgehungen** geschaffen. Andererseits können Zahlungen gegenüber der Kontrollbehörde als notwendig für den Import oder Export von Gütern getarnt werden, obwohl ihre eigentliche Absicht die Verschiebung von Kapital ist.

Und schliesslich führen Kapitalverkehrskontrollen häufig zur Bildung eines **Schwarzmarktes,** in dem Währungen in Bargeld ausgetauscht werden. Die Wechselkurse auf diesem Schwarzmarkt weichen normalerweise deutlich vom offiziellen Kurs ab. Der offizielle Kurs kann dank Kapitalverkehrskontrollen, die gewisse Akteure vom Handel mit Währungen ausschliessen oder sie zumindest regulieren, innerhalb einer bestimmten Bandbreite gehalten werden. Im Gegensatz dazu bildet sich der inoffizielle Wechselkurs auf dem Schwarzmarkt auf einem anderen Niveau, weil ein Teil der offiziell blockierten Finanzflüsse seinen Weg zurück auf den Markt gefunden hat, auch wenn dieser illegal ist. Kapitalverkehrskontrollen erfordern deshalb umfangreiche administrative Kapazitäten und können zu bürokratischen Prozessen führen. In vielen Entwicklungsländern sind diese Prozesse zwar kompliziert, aber nicht immer effektiv und ausserdem ein **Einfallstor für die Korruption.**

Auf dieselbe Weise wie die Anbindung des Wechselkurses sind die Kapitalverkehrskontrollen sowohl bei ihrer Einführung wie der Aufhebung besonders herausgefordert. Indem Investoren und Spekulanten die Einführung von Kapitalverkehrskontrollen antizipieren, können sie ihre Transaktionen sogar noch intensivieren, solange sie nicht reguliert sind. Dies ist besonders relevant für die Kapitalflucht. Ebenso können die Kapitalflüsse nach einer Aufhebung der Kontrollen besonders anschwellen, sodass die Transaktionen, die bisher verhindert wurden, nun alle gleichzeitig getätigt werden.

Und schliesslich ganz grundsätzlich: Kapitalverkehrskontrollen mögen einige der Ursachen von Wechselkursschwankungen wie spekulative Kapitalflüsse einschränken. Sie können jedoch nicht die Handelsungleichgewichte, Auslandsschulden und den Schuldendienst beseitigen, die alle im oben erklärten Sinne zu Änderungen des Wechselkurses beitragen. Auch mit Kapitalverkehrskontrollen bleibt der Mechanismus der internationalen Zahlungen intakt, der zur

Schaffung neuer Geldeinheiten führt, welche als Währungen auf den Devisenmärkten gehandelt werden. Die Rolle der Kapitalverkehrskontrollen darf nicht vernachlässigt werden, da sie auf jeden Fall ihre Verdienste im Management der Finanzflüsse in Entwicklungs- und Schwellenländern haben. Kapitalverkehrskontrollen alleine können aber keine Wechselkursstabilität garantieren.

6.6 Die Zahlungsbilanzrestriktion

Da wir nun in unserer Untersuchung die Volkswirtschaft gegenüber dem Rest der Welt geöffnet haben, müssen zahlreiche zusätzliche und komplexe Zusammenhänge berücksichtigt werden. Es ist nun nicht nur relevant, was innerhalb der nationalen Ökonomie geschieht, sondern auch, was die Entwicklung einer Volkswirtschaft für deren Beziehungen zum Rest der Welt bedeutet. Individuen, Firmen und sogar der öffentliche Sektor können **nicht unbeschränkt Schulden anhäufen.** Ab einem bestimmten Punkt sind die Schulden nicht mehr tragbar und die Kreditwürdigkeit des Schuldners sinkt, was sich an höheren Risikoprämien auf den Zinssätzen zeigt und Kapitalabflüsse inklusive Währungsabwertungen auslöst.

Dasselbe gilt für die Ökonomie als Ganzes. Zu hohe Defizite in der Leistungsbilanz – und insbesondere auch im internationalen Handel – führen zu einer Währungsabwertung im Devisenmarkt. Wie wir gesehen haben, bringt die Abschwächung des Wechselkurses eine höhere Inflation und eine höhere Last der Auslandsschulden mit sich, was eine **Bankenkrise** verursachen kann. Je stärker dieser Effekt, desto grösser ist der Schaden für die wirtschaftliche Leistungsfähigkeit. Zusätzlich wird in Zukunft ein höherer Anteil des nationalen Outputs für die Exporte benötigt, um die Devisen für den Schuldendienst zu verdienen.

Eine unkontrollierte Währungsabwertung, so wie unkontrollierte Wechselkursschwankungen im Allgemeinen, schadet jeder Entwicklungsstrategie. Durch die Beeinträchtigung der Wirtschaftsleistung und die höhere Bewertung der Auslandsschulden **wird ein Land seiner Ressourcen beraubt,** die für das Wirtschaftswachstum und die Verbesserung des Lebensstandards so entscheidend sind. Damit die Armutsreduktion in einem Land erfolgreich realisiert werden kann, muss die Zahlungsbilanz mindestens mittel- bis langfristig ausgeglichen sein. Wechselkursanbindung und Kapitalverkehrskontrollen können in einigen Situationen zur Stabilität beitragen, ihre Wirkungsmacht ist jedoch beschränkt.

Weshalb diskutieren wir die Wechselkurse und ihre Einflussfaktoren überhaupt so detailliert? Wir sind hier an einem Punkt von so grosser Wichtigkeit angelangt, dass jede makroökonomische Strategie für Entwicklungsländer, welche dessen

Konsequenzen vernachlässigt, zum Scheitern verurteilt ist. Das Gleichgewicht in der Zahlungsbilanz ist jene Zahlungsbilanz, die mit einer ausgeglichenen Leistungsbilanz einhergeht, wo also die grenzüberschreitenden Einkommensflüsse ausgeglichen sind. Dieses Zahlungsbilanzgleichgewicht bringt eine Einschränkung des Wirtschaftswachstums und der wirtschaftlichen Entwicklung mit sich.

Wirtschaftswachstum bedeutet steigende Einkommen, die wiederum für Ausgaben auf dem inländischen Markt einerseits und Importe aus dem Ausland andererseits verwendet werden. Solange sich diese beiden Anteile nicht dramatisch verändern, gehen steigende Einkommen mit wachsenden Importen einher. Dadurch verschlechtert sich die Handelsbilanz, sodass auch die Leistungsbilanz stärker zu einem Defizit neigt. Steigende Importe könnten durch ebenfalls zunehmende Exporte kompensiert werden. Letztere wachsen aber nicht gleichmässig mit, wenn das Einkommen innerhalb eines Landes steigt. Stattdessen sind die Exporte von der Nachfrage aus dem Ausland und damit vom Wirtschaftswachstum und den steigenden Einkommen im Rest der Welt abhängig. Die meisten Länder sind viel zu klein, um aus eigener Kraft den Zustand der Weltwirtschaft beeinflussen zu können. Für ein einzelnes Entwicklungsland ist das Wirtschaftswachstum in den anderen Ländern deshalb einfach eine vorgegebene Tatsache. Daraus lässt sich folgendes einfach schliessen: Wenn ein Land seine Wachstumsrate erhöht, steigen seine Importe, während sich die Exporte nicht ändern. Dies führt zu einer Verschlechterung der Handelsbilanz.

Je höher das Wachstum einer Volkswirtschaft im Vergleich zum Rest der Welt ausfällt, desto grösser ist sein Leistungsbilanzdefizit. Die ökonomische Stabilität und das langfristige Wohlergehen verlangen ein Gleichgewicht in der Zahlungsbilanz, um Turbulenzen für den Wechselkurs zu vermeiden. Ebenso müssen die Auslandsschulden auf einem kontrollierbaren Niveau gehalten werden. Aufgrund dieser langfristigen Bedingung des externen Gleichgewichts gibt es eine maximale Rate, mit der eine Volkswirtschaft wachsen darf. Diese Bedingung wird ‚**Zahlungsbilanzrestriktion**‘, ‚externe Restriktion‘ oder ‚Thirlwall's Law‘ (Thirlwallsches Gesetz) genannt (Thirlwall 1979, 2013).[7]

---

[7]Um genau zu sein, besagt Thirlwall's Law, dass die Zahlungsbilanz-beschränkte Wachstumsrate durch das Verhältnis der Einkommenselastizität der Exportnachfrage zur Einkommenselastizität der Importnachfrage multipliziert mit dem Wirtschaftswachstum im Ausland gegeben ist. Siehe Thirlwall (1979, 2013).

Es gibt eine bestimmte Wachstumsrate, die mit einer ausgeglichenen Leistungsbilanz kompatibel ist. Je stärker die Exporte mit dem Wirtschaftswachstum im Rest der Welt zunehmen, desto höher ist die gemäss Zahlungsbilanzrestriktion erlaubte Wachstumsrate, denn bei grösseren Exporten kann ein stärkerer Anstieg der Importe verkraftet werden. Andererseits ist die mit einer ausgeglichenen Leistungsbilanz einhergehende Wachstumsrate umso tiefer, je stärker die Importe auf ein steigendes Einkommen reagieren. Während also eine ausgeglichene Leistungsbilanz wichtig ist, um Stabilität und Wachstum zu garantieren, so ist sie gleichzeitig auch eine **Barriere für das Wachstum.**

Thirlwall's Law befördert den **Unterschied zwischen Leitwährungen und Nicht-Leitwährungen** deutlich zutage. Länder mit internationalen Leit- beziehungsweise Reservewährungen sind für ihre internationalen Zahlungen nicht auf eine externe Finanzierungsquelle angewiesen. Die Nachfrage nach einer Leitwährung hängt nicht nur von den Exporten und Importen des Herkunftslandes ab, sondern auch von den Bedürfnissen aller anderen Länder, um ihre Zahlungen mit dieser Währung abwickeln zu können. Leitwährungen erfreuen sich daher deutlich grösserer Stabilität bezüglich ihres Wechselkurses. Denn selbst im Fall eines grossen externen Defizits eines Landes mit Leitwährung bleibt die Nachfrage nach dieser Währung im Devisenmarkt zum grossen Teil bestehen. Daraus folgt, dass sich Länder mit Leitwährungen nicht besonders über Leistungsbilanzdefizite sorgen müssen. Sie benötigen keine ausländische Währung, um die Defizite zu finanzieren, sondern können die dafür notwendigen finanziellen Mittel über ihr eigenes Bankensystem generieren.

Offensichtlich fällt dieses ‚**exorbitante Privileg'** (Eichengreen 2011) den Vereinigten Staaten zu, während andere Währungen wie der Euro oder der chinesische Renminbi auf regionaler Ebene einen ähnlichen Status geniessen. Aus diesem Grund ist die Zahlungsbilanzrestriktion für die Entwicklungsländer umso relevanter, denn ihre Währungen haben nicht einmal auf regionaler Ebene den Status von Leitwährungen, geschweige denn auf globaler Ebene. Arme Länder sind für sämtliche internationalen Zahlungen von ausländischer Währung abhängig.

6.7 Die globalen Märkte lassen die Politik machtlos zurück

Es gibt zwei Optionen, um die externe Restriktion zu lockern. Einerseits erhält ein Land ausländische Währung, wenn es **Kapitalzuflüsse** wie ausländische Direktinvestitionen oder sogar spekulatives Kapital gibt. Es kann damit mehr Importe verkraften, ohne sich zu verschulden und ohne Druck auf den Wechselkurs zu erzeugen. Die mit dem Zahlungsbilanzgleichgewicht kompatible Wachstumsrate ist nun höher. Allerdings muss daran erinnert werden, dass solche Kapitalzuflüsse sehr riskant sein können, weil sie genauso schnell wieder abfliessen können, je nach dem, wie die Investoren die Ungewissheit und die Renditen einschätzen. Ausserdem können auch ausländische Direktinvestitionen Kapitalabflüsse zur Folge haben, nämlich dann, wenn die ausländischen Investoren die daraus resultierenden Profite in ihre eigenen Länder transferieren.

Eine zweite Option ist die **Steigerung der Exporte** über eine Verbesserung der internationalen Wettbewerbsfähigkeit. Hierfür muss ein Land seine Produktionskosten reduzieren, sodass mittels einer Senkung des Preisniveaus im Verhältnis zum Preisniveau im Rest der Welt der reale Wechselkurs abgewertet wird. Danach lassen die zusätzlichen Exporte höhere Importe und damit ein höheres Wirtschaftswachstum zu. Allerdings: In dem Masse wie die Wettbewerbsfähigkeit durch Lohnsenkungen verbessert wird, wird das tatsächliche Wachstum wiederum eingeschränkt, da die effektive Nachfrage schrumpft. Ein Wettbewerbsvorteil über eine simple nominale Abwertung bedeutet andererseits, dass die Importe teurer werden. Für jedes importierte Gut wird das Handelsbilanzdefizit grösser. Dies reduziert wiederum das von der externen Restriktion zugelassene Wachstum. Der effektivere Weg, um diese Restriktion zu lockern, ist eine verbesserte Wettbewerbsfähigkeit durch Produktivitätswachstum. Mehr dazu folgt sogleich.

Um die Wachstumsrate zu steigern, müssen die effektive Nachfrage und die Profitrate hinreichend stark beziehungsweise hoch sein. Um dies zu erreichen, können verschiedene sogenannte Wachstumsregimes ins Auge gefasst werden (siehe beispielsweise Bhaduri und Marglin 1990; Blecker 1989). **Lohngetriebenes Wachstum** versucht, die Nachfrage durch Lohnsteigerungen zu stärken. Aus dieser Sicht ist die Nachfrage aufgrund der Konsumausgaben aus den Lohneinkommen der wichtigste Wachstumsmotor. Beim **profitgetriebenen Wachstum** steht die Profitabilität der Investitionen im Zentrum. Dieses Regime beruht auf der Annahme, dass hinreichende Profite entscheidend sind, um die Investitionen zu stärken. Wir haben ausführlich dargelegt, dass sowohl die effektive Nachfrage als auch die Profitabilität notwendige Bedingungen sind. In einem bestimmten Moment mag ein Regime dem anderen überlegen sein. In der langen Frist konkurrenzieren sich die beiden Strategien jedoch.

Mit der Entscheidung zugunsten von einem der beiden Regimes versucht eine Wachstumsstrategie, den Gegensatz zwischen Löhnen und Profiten zu optimieren. In der Literatur wird dies festgestellt, indem der Einfluss eines veränderten Lohnanteils am Gesamteinkommen gemessen wird. Wenn ein höherer Lohnanteil das Wirtschaftswachstum steigert, ist eine Ökonomie lohngetrieben. Im gegenteiligen

Fall ist sie profitgetrieben. Mit dem optimalen Lohnniveau könnte das Wachstum maximiert werden. Diese Betrachtungen sollten allerdings nicht den Eindruck erwecken, dass eine makroökonomische Feinsteuerung des Lohnniveaus möglich ist. Die Debatten über lohngetriebenes und profitgetriebenes Wachstum versammeln lediglich Argumente, ob eine Lohnsteigerung in einer Volkswirtschaft angestrebt werden sollte oder nicht.

Lohngetriebene und profitgetriebene Wachstumsregimes haben gemeinsam, dass sie, sofern erfolgreich, beide die Netto-Importe erhöhen. Sowohl höhere Löhne als auch höhere Profite sind gleichbedeutend mit einem höheren Einkommen, das teilweise für Güter aus dem Ausland ausgegeben wird. Während beide Regimes potenziell in der Lage sein mögen, ein höheres Wirtschaftswachstum zu erzielen, so schaffen sie dies nicht unter Beibehaltung eines ausgeglichenen internationalen Handels. Das daraus resultierende Leistungsbilanzdefizit erhöht die Auslandsschulden und tendiert zu einer Abwertung der Währung.

Ein möglicher Ausweg aus diesem Dilemma könnte ein weiteres Wachstumsregime, nämlich das bereits erwähnte exportgetriebene Wachstum sein. In der offenen Volkswirtschaft sind nicht nur die Löhne und Profite eine Nachfragequelle, sondern auch die Exporte. Während Exporte einerseits zum Wirtschaftswachstum beitragen, ermöglichen sie auch einen Leistungsbilanzüberschuss. Wie gerade erklärt wurde, sind die Exporte ein Faktor, um die Zahlungsbilanzrestriktion zu lockern. Allerdings ist das **exportgetriebene Wachstum kein Wundermittel,** das alle Flaschenhälse für die ökonomische Entwicklung beseitigt. Eine Option, um international wettbewerbsfähig zu sein, sind tiefe Löhne. Während dadurch die Exporte gestärkt werden, wird die Nachfrage in der heimischen Volkswirtschaft gebremst. Als Alternative können die Produktionskosten durch das Produktivitätswachstum gesenkt werden. Dieses verlangt aber nach Investitionen, die zumindest kurz- und mittelfristig zu einem Handelsbilanzdefizit führen könnten, weil Kapitalgüter importiert werden müssen. Während das Produktivitätswachstum also grundsätzlich eine Lösung sein könnte, ist es exakt das, was vielen Entwicklungsländern heute fehlt. Um die Produktivität zu stärken, könnten Leistungsbilanzdefizite notwendig sein, welche auf die Zahlungsbilanzrestriktion treffen. Wir haben es hier mit einer makroökonomischen Barriere für die Entwicklung zu tun.

Langfristig können permanente Exportüberschüsse für ein einzelnes Land attraktiv sein. Aus einer globalen Perspektive ist jedoch sofort klar, dass die Überschüsse des einen Landes die Defizite der anderen sind. Während ein exportgetriebenes Wachstumsregime für ein Land funktionieren kann, führt es zu **makroökonomischer Instabilität auf globaler Ebene.** Es bedeutet, dass einige Länder Auslandsschulden anhäufen müssen, um die Leistungsbilanzüberschüsse der anderen Länder zu absorbieren. Ab einem gewissen Punkt können die Defizitländer den Schuldendienst nicht mehr stemmen. Während die Krise in der Eurozone ein besonderes und wohlbekanntes Beispiel für die verheerenden Auswirkungen dieser Ungleichgewichte ist, liefert auch der globale Süden mehr als genug Beispiele so wie etwa jene, die in der Einleitung dieses Buches beschrieben wurden. Diese Instabilität kann in Zeiten von Wirtschaftskrisen auf die Überschussländer zurückfallen, weil den Defizitländern letztlich die Kaufkraft ausgeht, um weitere Nachfrage nach Importen auszuüben.

Eine starke Exportorientierung birgt ein weiteres Risiko: Wenn viele Entwicklungsländer den gleichen Exportmarkt in den Industrieländern anvisieren, ist die Kapazität dieses Marktes möglicherweise zu klein, um alle Exporte zu absorbieren. Die Entwicklungsländer stehen am Ende vielleicht mit Überkapazitäten in ihrem Exportsektor da.

Schliesslich kann die reine Exportorientierung zum Phänomen der ‚**Dutch Disease**' (holländische Krankheit) führen.[8] Wenn die Nachfrage nach einem bestimmten Gut steigt, dann erzielen die Länder, welche dieses Gut exportieren, höhere Exporterträge. Der hohe Güterpreis trägt zu einem Leistungsbilanzüberschuss bei. Aufgrund des Überschusses tendiert die Währung zur Aufwertung entweder über eine Reduktion des Schuldendienstes oder über Investitions- und Kapitalflüsse in die aufgrund der erstarkten Exportleistung florierenden Volkswirtschaft. Zudem löst das aufgrund dieses quasi geschenkten Exportertrags verfügbare Geld in der nationalen Ökonomie zusätzliche Nachfrage aus, die zu höherer Inflation führen und damit die reale Währungsaufwertung weiter befördern kann.

Dieser Effekt der holländischen Krankheit kann grundsätzlich in jedem Sektor stattfinden. In den meisten Fällen und insbesondere in Entwicklungsländern wird die holländische Krankheit aber durch international gehandelte Rohstoffe ausgelöst. Ihre Preise sind hochvolatil und in Zeiten von hohem globalem Wirtschaftswachstum sind **hohe Rohstoffpreise** ein Zeichen der starken Nachfrage. Gemäss Ricardos Theorie des komparativen Vorteils sollte sich jedes Land auf jenen Sektor fokussieren, in dem es am besten ist. Aus diesem Grund ist es nicht überraschend, dass den nicht-industrialisierten Entwicklungsländern empfohlen wird, Rohstoffe aus der Landwirtschaft und dem Bergbau zu exportieren. Die holländische Krankheit offenbart aber den Nachteil solcher Rohstoffbooms:

---

[8]Für weitere Erklärungen zu Begriff und Inhalt der holländischen Krankheit siehe Corden und Neary (1982).

Obwohl eine Währungsaufwertung als positives Zeichen erscheinen mag, macht sie gemeinsam mit einer Steigerung der Preise die anderen Sektoren im betroffenen Land auf dem globalen Markt **weniger wettbewerbsfähig**. So wird es sehr schwierig, einen Industriesektor zu entwickeln, denn die Barrieren zur Wettbewerbsfähigkeit sind hoch. Langfristig kann die holländische Krankheit die Produktivitätsentwicklung und damit das Wachstumspotenzial beschädigen. Eine Wechselkursanbindung kann diesen Effekt teilweise vermeiden, geht aber mit den mittlerweile bekannten Schwierigkeiten einher.

Binnennachfrage oder Exportorientierung: Welche Wachstumsstrategie auch immer gewählt wird, sie stösst auf Grenzen, weil die Zahlungsbilanzrestriktion relevant wird, sobald das Wirtschaftswachstum das Wachstum im Rest der Welt genügend stark übersteigt. Exportgetriebenes Wachstum könnte diese Restriktion mittel- bis langfristig überwinden, ist aber dennoch von ihr betroffen, solange der Exportsektor auf Investitionsausgaben angewiesen wird. Letztere erfordern in der Regel Importe von Kapitalgütern.

Die Zahlungsbilanzrestriktion ist sogar noch stärker als diese bisherigen Argumente aufzeigen. Wir haben gesehen, dass Märkte alleine nicht in der Lage sind, einen Entwicklungsprozess in armen Ländern in Gang zu setzen. Eine aktive Wirtschaftspolitik wird benötigt. Staatliche Interventionen in Form von beispielsweise öffentlichen Investitionen treffen auf dieselbe Grenze, weil das dadurch generierte Wirtschaftswachstum ebenfalls nicht über die mit einer ausgeglichenen Leistungsbilanz kompatiblen Rate hinausgehen darf. Aber sogar bevor die Wirtschaftspolitik überhaupt die Chance hätte, ihren Einfluss auszuüben, riskiert sie, **durch die Kapitalflucht abgestraft** zu werden. Kapitalflucht bedeutet einen Verlust an Ressourcen und Devisenreserven ebenso wie die Abwertung des Wechselkurses. Ein Prozess der Kapitalflucht, vor allem, wenn er selbstverstärkend ist, verletzt die Stabilitätsbedingung des Zahlungsbilanzgleichgewichts auf die schlimmste Weise. Weil die intervenierende Wirtschaftspolitik höhere Steuern oder tiefere Profite aufgrund des aktiven Eingreifens des öffentlichen Sektors in neuen Wirtschaftszweigen mit sich bringen kann, dürfte die Verschiebung von Vermögen ins Ausland diese Politik bestrafen noch bevor sie umgesetzt ist.

Entwicklungsländer im globalen Kapitalismus scheinen nicht viele Optionen zu haben. Ein starker politischer Wille zur erfolgreichen Armutsreduktion löst Kapitalflucht aus. Und sogar wenn die Wirtschaftspolitik den Erwartungen der Mainstream-Ökonomie und der internationalen Finanzmärkte entspricht, sodass das Kapital sich nicht genötigt sähe, aus dem Land zu flüchten, so ist das Wachstum aufgrund seiner Auswirkungen auf die Importe immer noch durch die Zahlungsbilanzrestriktion beeinträchtigt. Staatliche Interventionen als Teil einer aktiven Entwicklungsstrategie sind machtlos.

Box IV: die verheerenden Auswirkungen der Kapitalflucht

Das Wirtschaftswachstum in den von der Asienkrise 1997 betroffenen Ländern erholte sich wenig später, wenn auch auf tieferem Niveau. Die Regierungen verbesserten die Finanzmarktaufsicht und forcierten eine exportgetriebene Entwicklung. Es gibt allerdings andere Beispiele, die die Grenzen der Entwicklung in einer globalen Ökonomie drastisch aufzeigen, besonders dann, wenn progressive Politik eine Rolle spielt. Die jamaikanische Erfahrung mit Michael Manley als Premierminister von 1972 bis 1980 ist eines dieser Beispiele. Manley legte los mit Umverteilungspolitik, indem er einen Mindestlohn und kostenlose Bildung einführte sowie eine Landreform und andere Massnahmen umsetzte. Die erhöhten Staatsausgaben gingen mit einem Leistungsbilanzdefizit einher, welches wiederum eine Währungsabwertung und Inflation auslöste. Die Situation wurde noch durch Kapitalflucht verschlimmert, weil viel Geld versuchte, Manleys interventionistischer Politik zu entkommen.

Der wirtschaftliche Einbruch führte zu schwerer Gewalt zwischen Strassenbanden. Manleys Regierung erreichte keine nachhaltige Verbesserung der Lebensbedingungen der Bevölkerung während ihrer Amtszeit, sondern sah sich gravierender makroökonomischer Instabilität gegenüber. Nach seiner Wahlniederlage im Jahr 1980 kehrte Manley 1989 an die Macht zurück. Während er weiterhin einige soziale Reformen umzusetzen versuchte, war die politische Strategie insgesamt neoliberal mit einem starken Fokus auf die wirtschaftliche Liberalisierung in zahlreichen Bereichen. Natürlich trugen verschiedene Ursachen wie beispielsweise der Niedergang der Sowjetunion zu dieser veränderten Politik bei. Aber nachdem die 1970er Jahre die Grenzen einer aktiv intervenierenden Wirtschaftspolitik aufgezeigt hatten, war es nicht überraschend, dass Manley beim zweiten Versuch eine andere Strategie wählte.

Das Beispiel, welches die Grenzen intervenierender ökonomischer Strategien wahrscheinlich am besten zum Ausdruck bringt, ist jenes von Venezuela, da es leider beinahe alle negativen Konsequenzen aufweist, die man sich in diesem Zusammenhang vorstellen kann.[9] Hugo Chavez wurde im Jahr 1998 Präsident des Landes und rief nach einiger Zeit die ‚Bolivarische Revolution' im Sinne einer sozialistischen Transformation

---

[9]Für einen makroökonomischen Überblick siehe Vera (2017).

von Wirtschaft und Gesellschaft aus. Die ersten Jahre waren durch politische Turbulenzen gekennzeichnet, die Opposition versuchte, Chavez' Regierung wegzuputschen. Diese politische Unsicherheit löste Kapitalflucht aus, während die Zentralbank erfolglos versuchte, den Wechselkurs stabil zu halten. Nachdem die Regierung die Macht konsolidieren konnte, profitierte sie von einer vorteilhaften Entwicklung in Form steigender Ölpreise von 2003 an. Diese halfen, den ökonomischen Niedergang zu überwinden.

In der folgenden Wachstumsphase wurden die Einnahmen des staatlichen Ölkonzerns für soziale Ausgaben verwendet. Sie waren ein eindrücklicher Erfolg, die Armut konnte um 17 Prozentpunkte reduziert werden (Vera 2015, S. 543). Dennoch setzte sich die Kapitalflucht fort und verstärkte sich sogar noch, obwohl der Leistungsbilanzüberschuss zunahm. Ausserdem wurden die anfallenden Devisen aus den Ölexporten immer weniger den Zentralbankreserven zugewiesen, sondern direkt für die Ausgabenprogramme der Regierung verwendet. Gleichzeitig erhöhten diese Ausgaben die Inflation permanent auf zweistellige Raten. Da der nominale Wechselkurs von der Zentralbank fixiert wurde, bedeutete die hohe Inflation einen immer weniger wettbewerbsfähigen realen Wechselkurs. Alle diese Faktoren trugen zu einem Leistungsbilanzdefizit bei, als der Ölpreis 2008 einstürzte und nach einer zweiten Phase hoher Preise im Jahr 2014 erneut sank.

Der scheinbar ewig steigende Ölpreis hatte die ernsthaften Probleme in der Leistungsbilanz der venezolanischen Volkswirtschaft verdeckt. Nun frassen aber die sich rapide verschlechternde Leistungsbilanz und die Kapitalflucht die Währungsreserven auf und führten zu steigender Auslandsverschuldung. Die Regierung versuchte, die Handelsbilanz zu verbessern, indem sie Importbeschränkungen erliess. Infolgedessen fehlten Rohstoffe und Materialinputs für die inländische Produktion, was den Schrumpfungsprozess der nationalen Ökonomie verstärkte und die Güter knapper werden liess. Darüber hinaus gab es Einschränkungen, die den Zugang zu ausländischer Währung bei der Zentralbank regulierten. Diese spezifische Art von Kapitalverkehrskontrollen führte zur Bildung eines Schwarzmarktes, weil der Bedarf an ausländischen Währungen, hauptsächlich dem US Dollar, ausserordentlich hoch war. Die nationale Währung wird auf diesem Schwarzmarkt zu einem viel tieferen Wert als dem offiziellen Wechselkurs gehandelt. Seit 2010 waren sukzessive Währungsabwertungen erforderlich.

Sie heizten die Inflation jedoch nur umso stärker an und intensivierten den ökonomischen Niedergang. Die Armut in Venezuela nimmt wieder stark zu.

Um eine solche Erfahrung zu vermeiden, führten einige Entwicklungsländer wie Ecuador im Jahr 2000 und Simbabwe 2015 den US Dollar als offizielle Währung ein, um die Währungsstabilität zu gewährleisten. Die Schattenseite der Dollarisierung ist allerdings der vollständige Verlust des geldpolitischen Spielraums für eine nationale Volkswirtschaft.

Südafrika ist ein weiteres Beispiel dafür, wie Kapitalflucht die Politik bedroht. Die Daten zeigen, dass die Kapitalflucht zwischen 1994 und 2000 höher war als von 1986 bis 1993 (Mohammed und Finnoff 2005). Der Zeitpunkt zwischen diesen beiden Phasen war auch der Moment, als das Apartheid-Regime durch eine neue Regierung unter Präsident Nelson Mandela ersetzt wurde. Diese Daten nähren den Verdacht, dass die wirtschaftliche Elite der neuen Regierung nach der Apartheid nicht traute und deshalb ihr Vermögen ausser Land an Orte bringen wollte, die sie als sicherer betrachtete.

Es ist extrem schwierig, Kapitalflucht zu quantifizieren. Es gibt Schätzungen, die einen hilfreichen Hinweis geben können, auch wenn sie alles andere als perfekt sind. Beispielsweise wird für eine Auswahl von dreissig afrikanischen Ländern geschätzt, dass sie zwischen 1970 und 2015 1,4 Billionen US$ durch Kapitalflucht verloren. Wenn man die Zinsen auf dieses Kapital mitberücksichtigt, liegt die Summe sogar bei 1,8 Billionen (Ndikumana und Boyce 2018). Die Finanzflüsse weg von Afrika sind damit grösser als jene, die dem Kontinent zufliessen.

6.8 Handelsliberalisierung und finanzielle Liberalisierung können das Problem nicht lösen

Wir haben nun eine klare Vorstellung von der makroökonomischen Situation, in der sich die Entwicklungsländer befinden. Sie stehen einem schwierigen Dilemma zwischen aktiver Wirtschaftspolitik und Wirtschaftswachstum einerseits sowie der von der Zahlungsbilanzrestriktion geforderten makroökonomischen Stabilität andererseits gegenüber. Sind nun die **Rezepte des ökonomischen Mainstreams,** die wir zu Beginn eingeführt haben, eine wirksame Lösung? Können die Liberalisierung der Handels- und Finanzflüsse gleichzeitig Wachstum und Stabilität erreichen?

In Bezug auf den internationalen Handel haben wir bereits gezeigt, dass das Konzept des Tauschs das Wirtschaftswachstum nicht erklären kann, solange der Produktionsprozess ignoriert wird. Auf internationaler Ebene wiederholt sich dieses Problem. Der Handel vereinfacht den Zugang zu Gütern, die ein Land selbst nicht produzieren kann. Er kann auch beim **Technologietransfer** von den industrialisierten zu den Entwicklungsländern hilfreich sein, obwohl ziemlich unklar ist, wie stark dieser nützliche Effekt des Handels überhaupt ist. Entscheidend ist allerdings, dass die Handelsliberalisierung die Frage, woher die gehandelten Güter denn kommen, nach wie vor unbeantwortet lässt. Die Produktion ist und bleibt der entscheidende Punkt. Es gibt keinen Grund, anzunehmen, dass die Bedingungen für die Produktion mit liberalisierten Handelsbeziehungen am besten sind. Es gibt keinen komparativen Kostenvorteil, der automatisch eine ausgeglichene Handelsbilanz generieren würde. Stattdessen sind die Kostenvorteile absolut. Länder mit tieferen Produktionskosten neigen zu bleibenden Handelsüberschüssen.

Im Industriesektor sind die Entwicklungsländer deshalb nicht in der Lage, mit den reichen wirtschaftlich hoch entwickelten Ländern in den Wettbewerb zu treten, da ihre Produktivität in der Industrie zu tief ist. Aufgrund der tiefen Löhne sind sie in Sektoren wie der Landwirtschaft wettbewerbsfähiger. Die Alternative wäre der Export natürlicher Ressourcen wie Bergbauerzeugnissen. Gemäss der **Freihandelstheorie** ist dies eine optimale Situation, denn damit tut jedes Land, was es am besten kann. Aber abgesehen davon, dass sich damit kaum ein ausgeglichener Handel einstellt, bedeutet dies auch, dass es keine Marktkräfte gibt, die irgendetwas an dieser internationalen Arbeitsteilung ändern könnten. Mit einem liberalisierten Handel ist es wahrscheinlich, dass Entwicklungsländer beim Export von Primärerzeugnissen wie Rohstoffen stehen bleiben. Der Freihandel stattet sie nicht mit den notwendigen Mitteln aus, um die Produktivität der Volkswirtschaft zu entwickeln und für das Gemeinwohl einzusetzen. In den Worten des Entwicklungsökonomen Ha-Joon Chang (2006, S. 33–34) sagt uns die Theorie des komparativen Vorteils, wo die Länder heute stehen, also worin sie derzeit am besten sind. Sie sagt aber nichts darüber aus, was die Länder in Zukunft potenziell erreichen könnten.

Wir erwähnten das Beispiel der Textilien. Wenn alle Kleider importiert werden, profitieren die Menschen in armen Ländern von tieferen Preisen. Allerdings wird dabei kein Mehrwert in diesen Ländern produziert. Geld verlässt jeweils das Land im Austausch für importierte Güter, während weder eine produktive Basis noch ein Einkommen geschaffen wird, das ein Fundament für langfristig höhere Lebensstandards bieten würde.

6.8 Handelsliberalisierung und finanzielle Liberalisierung ...

Um ein höheres produktives Potenzial zu erreichen, sollte der Fokus auf der Produktion liegen. Dies erfordert eine Wirtschaftspolitik, wie wir sie hier bereits ausführlich beschrieben haben. Der Handel kann ein nützliches Vehikel sein, um die Produktivität in einem Entwicklungsland zu steigern. Wenn sich Länder in spezifischen Sektoren spezialisieren, können Skaleneffekte erzielt werden. Ausserdem ist es völlig unbestritten, dass der Zugang zu notwendigen ausländischen Gütern ein wichtiger Faktor ist, um Wertschöpfungsketten zu bilden. Aber: Der Handel sollte nicht eine höhere Priorität erhalten als die Produktion selbst. Stattdessen sollte die Handelspolitik so gestaltet werden, dass sie der Schaffung industrieller Kapazität dient. In manchen Fällen ist der **Schutz junger Industrien mittels Zöllen** notwendig. Häufig ist dies der einzige Weg, um die Produktivität zu steigern, da die industriellen Sektoren Zeit benötigen, um Knowhow zu entwickeln, Technologien anzuwenden sowie organisatorisch und administrativ effizienter zu werden. Andererseits kann zu viel Grenzschutz schädlich sein, wenn dadurch jeglicher Druck auf die Industrie beseitigt wird, produktiver zu werden. Ebenso schlägt ein zu starker Protektionismus auf ein Land zurück, wenn andere Länder ebenfalls Zölle erheben und weitere Handelsschranken errichten, womit der Zugang zu Exportmärkten verloren geht.

Wenn die Gütermärkte in den Entwicklungsländern durch die Handelsliberalisierung vollständig den globalen Märkten ausgesetzt werden, können die Handelsbilanzdefizite sogar noch grösser ausfallen im Vergleich zu einem gewissen Protektionismus, da die Importneigung der Einkommen wahrscheinlich ansteigt. Dies liegt einerseits daran, dass ausländische Güter für die Konsumentinnen und Konsumenten günstiger werden. Ausserdem bedroht die Handelsliberalisierung junge Industrien, weshalb die entsprechenden Güter importiert werden müssen. Die **Deindustrialisierung** führt dazu, dass für jeden Anstieg des Einkommens in der nationalen Volkswirtschaft die Importe stärker ansteigen als ohne Handelsliberalisierung. Die Risiken der Auslandsverschuldung und Abwertung des Wechselkurses können dadurch ansteigen. Statt das Wirtschaftswachstum zu stärken, kann die Liberalisierung des Handels sogar zu einer tieferen Wachstumsrate führen, die mit einer ausgeglichenen Leistungsbilanz kompatibel ist. Dieser Effekt wird auch durch die empirische Forschung bestätigt (Pacheco-López und Thirlwall 2007).

Die finanzielle Liberalisierung, also der Abbau von Schranken für den Kapitalverkehr, ändert ebenfalls nichts Substanzielles an der Zahlungsbilanzrestriktion. Mit einer liberalisierter Kapitalverkehrsbilanz erlauben die Kapitalzuflüsse einem Land in prosperierenden Zeiten, Investitionen zu tätigen und Importe zu finanzieren. Wie bereits mehrfach angeführt bringt eine plötzliche Umkehr der

Finanzflüsse **Wechselkursvolatilität** mit sich, welche stark genug sein kann, um die Abwehrmassnahmen der Zentralbank eines Landes zu überwältigen. Obwohl die Mainstream-Theorie behauptet, dass die Finanzliberalisierung zur effizientesten Allokation des Kapitals führt – und dies nun sogar international –, so ist es keineswegs klar, dass die resultierenden Kapitalflüsse den Bedürfnissen eines Landes am besten dienen.

Verglichen mit kurzfristig orientierten spekulativen Finanzflüssen haben ausländische Direktinvestitionen eine stabilere und längerfristige Perspektive. Ein Kredit in ausländischer Währung kann dabei ebenso gut in der Lage sein, langfristige Finanzierung bereitzustellen. Die Kapitalflüsse werden durch Unterschiede in den Zinsniveaus, Profiterwartungen und der Spekulation angetrieben. Die Ungewissheit und die damit verbundene Instabilität spielen dabei eine fundamental wichtige Rolle. Die Liberalisierung der Kapitalflüsse ist eine Quelle zusätzlicher Instabilität, weil sie der Ungewissheit sowie den Profiterwartungen, die sich von produktiven Investitionen abgewendet haben, mehr Raum gibt. Es ist deshalb überhaupt nicht sicher, dass die finanzielle Liberalisierung die ausländischen Direktinvestitionen erhöht. Statt den realen Investitionen finden die Kapitalflüsse über die Spekulation auf den Devisenmärkten einfacher zu Quellen von kurzfristigen Profiten. Dies kann die **längerfristigen ausländischen Direktinvestitionen beeinträchtigen.**

Aber sogar abgesehen von den Risiken der kurzfristigen spekulativen Kapitalflüsse kann die finanzielle Liberalisierung auch auf lange Sicht schädlich sein. Nachdem wir die Rentabilität als entscheidenden Faktor für das Wirtschaftswachstum identifiziert haben, können wir auch eine Schlussfolgerung in die entgegengesetzte Richtung ziehen. Hohe Wachstumsraten mögen je nach Land spezifische Gründe haben. Wir können aber mit Sicherheit sagen, dass in solchen Ländern (zumindest was ihre Privatsektoren betrifft) die Profitabilitätsbedingung gemeinsam mit der Nachfrage-Bedingung erfüllt ist. Ansonsten würde die Volkswirtschaft nicht expandieren. Die Entwicklungsländer hingegen stagnieren, weil sie nicht über hinreichend profitable Investitionsmöglichkeiten für Investorinnen und Investoren verfügen. Aus diesem Grund fliesst das Kapital in jene Länder mit höheren Profiten, höheren Zinserträgen und Wachstumsraten.

Diese Bewegungsrichtung des Kapitals stimmt vollständig mit den zu Beginn dieses Kapitels festgestellten Treiber von Wechselkursschwankungen überein. Die Finanzliberalisierung provoziert nicht nur kurzfristige Kapitalflüsse, sondern auch eine langfristige Tendenz des Kapitals, **von den Entwicklungsländern in die reichen Volkswirtschaften abzufliessen.** Diese Flussrichtung wird auch in den realen Daten beobachtet (siehe Box IV). In Kürze zusammengefasst lässt sich sagen: Obwohl die Liberalisierung die Türe für Kapitalzuflüsse öffnet, ziehen es die ausländischen Gäste möglicherweise vor, nicht ins Haus zu kommen. Andererseits erlaubt es die offene Türe auch dem inländischen Kapital, das Haus zu verlassen. Die Rezepte des Mainstreams für die Entwicklungsländer sind keine Lösung für das makroökonomische Dilemma zwischen Wachstum und Stabilität. Zudem müssen wir eingestehen, dass Kapitalzuflüsse zur Finanzierung des Wirtschaftswachstums und die Anbindung des Wechselkurses ebenfalls keine perfekte Antwort sind. Schliesslich sind Kapitalverkehrskontrollen ein Weg, um diese Finanzflüsse so zu steuern, dass sie produktiven statt spekulativen Zwecken dienen. Aber auch die Kapitalkontrollen sind nicht einwandfrei. Während sie eine Barriere für das plötzliche Anziehen der Zahlungsbilanzrestriktion sind, in dem sie Kapitalflucht verhindern oder abbremsen, so können sie die Restriktion langfristig ebenfalls nicht lockern.

Literatur

Bhaduri, A., & Marglin, S. (1990). Unemployment and the real wage: The economic basis for contesting political ideologies. *Cambridge Journal of Economics, 14,* 375–393.

Blecker, R. A. (1989). International competition, income distribution and economic growth. *Cambridge Journal of Economics, 13*(3), 395–412.

Blecker, R. A., & Setterfield, M. (2019). *Heterodox macroeconomics: Models of demand, distribution and growth.* Cheltenham: Elgar.

Cencini, A. (2000). World Monetary Disorders: Exchange Rate Erratic Fluctuations. *Centro di Studi Bancari Quaderni di Ricerca,* No. 2.

Cencini, A., & Schmitt, B. (1991). *External debt servicing: A vicious circle.* London: Pinter Publishers.

Chang, H.-J. (2006). *The East Asian development experience: The miracle, the crisis and the future.* London & New York: Zed Books Ltd. & Third World Network.

Corden, W. M., & Neary, J. P. (1982). Booming sector and de-industrialisation in a small open economy. *The Economic Journal, 92*(368), 825–848.

Dornbusch, R. (1976). Expectations and exchange rate dynamics. *Journal of Political Economy, 84*(6), 1161–1176.

Eichengreen, B. (2011). *Exorbitant privilege: The rise and fall of the dollar.* Oxford: Oxford University Press.

Marx, K. (2004). *Das Kapital. Kritik der politischen Ökonomie, dritter Band.* Berlin: Akademie (Erstveröffentlichung 1894).

Mishkin, F. S. (1998). The dangers of exchange-rate pegging in emerging-market countries. *International Finance, 1*(1), 81–101.

Mohammed, S., & Finnoff, K. (2005). Capital flight from South Africa, 1980–2000. In G. Epstein (Hrsg.), *Capital flight and capital controls in developing countries* (S. 85–115). Cheltenham: Elgar.

Mohanty, M. (2014). International transmission of monetary policy – An overview. *Bank for International Settlement Papers, 78,* 1–24.

Ndikumana, L., & Boyce, J. K. (2018). Capital flight from Africa: Updated methodology and new estimates. *Political Economy Research Institute, University of Massachusetts Amherst*, Research Report.

Pacheco-López, P., & Thirlwall, A. P. (2007). Trade liberalisation and the trade-off between growth and the balance of payments in latin America. *International Review of Applied Economics, 21*(4), 469–490.

Rogoff, K. (2002). Rethinking capital controls: When should we keep an open mind? *Finance and Development, 39*(4), 55–56.

Rueff, J. (1963). Gold exchange standard: A danger to the west. In H. G. Grubel (Hrsg.), *World monetary reform plans and issues* (S. 320–328). Stanford & London: Stanford University Press & Oxford University Press.

Shaikh, A. (2016). *Capitalism: Competition, conflict, crises*. New York: Oxford University Press.

Thirlwall, A. P. (1979). The balance of payments constraint as an explanation of international growth rates differences. *Banca Nazionale del Lavoro Quarterly Review, 32*(128), 45–53.

Thirlwall, A. P. (2013). *Economic growth in an open developing economy: The role of structure and demand*. Cheltenham: Elgar.

Vera, L. (2015). Venezuela 1999–2014: Macro-policy, oil governance and economic performance. *Comparative Economic Studies, 57*(539–568), 543.

Vera, L. (2017). In search of stabilization and recovery: Macro policy and reforms in Venezuela. *Journal of Post Keynesian Economics, 40*(1), 9–26.

Die Wirtschaftspolitik zurückgewinnen 7

Die globalen Märkte schränken die Wirtschaftspolitik in einem einzelnen Land ein. Nach dieser Schlussfolgerung könnte eine Rückkehr zu den Empfehlungen des Konsenses von Washington tatsächlich der beste Ausweg sein. Wir haben zwar gezeigt, dass die Märkte, wenn sie sich selbst überlassen werden, kaum eine langfristige Entwicklung in armen Ländern voranbringen können. Im Vergleich zur staatlich gesteuerten Entwicklung könnte man dennoch argumentieren, dass die neoliberalen Politikrezepte der Liberalisierung von Handel und Finanzflüssen immerhin weniger negative Konsequenzen nach sich ziehen.

Es ist definitiv sehr einfach, die fatalistische Haltung zugunsten unregulierter Märkte einzunehmen und zu behaupten, sie sei die einzige hilfreiche Alternative. Es gibt aber tatsächlich andere Optionen, die nicht nur Anlass zu mehr Optimismus geben, sondern auch ein besseres analytisches Fundament als die neoklassische Makroökonomie haben.

Nach unserer bisherigen Analyse wissen wir, dass eine Lösung für die makroökonomischen Probleme der Entwicklungsländer einen Mechanismus beinhalten muss, der die Länder nicht weiterhin vom Gleichgewicht in der Zahlungsbilanz beziehungsweise **von Leistungsbilanzüberschüssen abhängig** sein lässt. In Kap. 5 wurde gezeigt, dass staatliche Interventionen in Form von angemessenen Ausgabeplänen und öffentlichen Investitionen in der Lage sind, das Wirtschaftswachstum anzutreiben. Eine aktive Wirtschaftspolitik und der Staat als makroökonomischer Akteur sind der Schlüssel, damit arme Länder ihre Stagnation aufgrund mangelnder effektiver Nachfrage und Profitabilität hinter sich lassen können. Nun setzen aber die Zahlungsbilanzrestriktion und besonders die Kapitalflucht der Realisierung progressiver Politikprogramme enge Grenzen. Eine erfolgreiche makroökonomische Strategie muss deshalb in der Lage sein, einem Land den notwendigen Raum für seine Wirtschaftspolitik zurückzugeben unabhängig davon, was mit der Leistungsbilanz des Landes geschieht.

In diesem Kapitel werden wir als Erstes das internationale Zahlungssystem nochmals betrachten. Die genaue Analyse der internationalen Zahlungen ist entscheidend, um die Zahlungsbilanzrestriktion zu verstehen und eine bessere Lösung zu entwickeln.

7.1 Die Zinsen auf Auslandsschulden werden zweimal bezahlt

Das weit verbreitete gängige Verständnis von internationalen Zahlungen ist wie folgt. Nehmen wir das Beispiel einer Firma, die Güter wie beispielsweise Medikamente importiert. Um den ausländischen Verkäufer zu bezahlen, muss die Firma zu Devisenreserven gelangen, denn die Rechnung für die Importe ist in ausländischer Währung geschuldet. Sie bietet also inländische Währung an, die sie entweder durch vergangene Verkäufe verdient oder durch Verschuldung bei der Bank, die ihr Konto führt, erhalten hat. Die Bank stellt die Währungsreserven bereit, indem sie sie entweder von den eigenen Reserven nimmt oder von den Zentralbankreserven leiht. Die importierende Firma und die Bank tauschen die nationale und die ausländische Währung. Nun kann die Firma die ausländische Währung verwenden, um die Zahlung zu tätigen. Dieser Prozess findet statt, wann immer eine Importeurin oder ein Importeur einer Bank einen Zahlungsauftrag gibt.

So nachvollziehbar und vernünftig diese Auffassung auf den ersten Blick scheint, so falsch ist sie. Erinnern wir uns an die Erklärung der Wechselkursschwankungen im vorangegangenen Kapitel zurück. Dort wurde gezeigt, was geschieht, wenn ein Land mit eigener Währung eine Zahlung aus dem Ausland erhält. Die Bank beziehungsweise das Bankensystem erhält die Zahlung in ausländischer Währung, während die inländische Empfängerin mit einer Bankeinlage mit neu geschaffenem Geld in nationaler Währung ausgestattet wird. Die Bilanz der Bank wächst. Dieser Vorgang beschreibt den Fall von Exporten oder sonstigen Finanzzuflüssen. Kommen wir nun zurück zum Fall der Importe, wo **eine Zahlung ins Ausland** getätigt werden muss.

Das Verständnis dieses Schrittes ist entscheidend. Wenn die importierende Firma für die Importe bezahlt, tut sie das, indem sie ihre eigene Bankeinlage in nationaler Währung veräussert, also ihr Geld ausgibt. Gleichzeitig wird die Zahlung in ausländischer Währung geschuldet. Die Bank (beziehungsweise das Bankensystem) übt diese Zahlung aus, indem sie entweder ihre Devisen-

7.1 Die Zinsen auf Auslandsschulden werden zweimal bezahlt

reserven verwendet oder sich mit einem Kredit in der entsprechenden Währung verschuldet. Nehmen wir für den Moment letzteren Fall an. Während die Importeurin in nationaler Währung bezahlt, tätigt die Bank die Zahlung also in ausländischer Währung. Dennoch erhält die Bank die Zahlung der importierenden Firma nicht gutgeschrieben. Was geschieht, ist vereinfacht ausgedrückt das folgende: Erstens, wenn eine Zahlung für Importe stattfindet, streicht die Bank das über den Kredit in ausländischer Währung erhaltene Geld in ausländischer Währung aus ihrer Bilanz. Dies ist die Zahlung an den ausländischen Exporteur und damit einleuchtend. Zweitens ist das Geld in nationaler Währung, das von der Importeurin bezahlt wird, das Gegenstück zur Zahlung in internationaler Währung. Deshalb verschwindet die Einlage in nationaler Währung genauso wie die ausländische Währung von der Bankbilanz. Wo geht sie hin? Die Antwort ist: nirgends. Genauso wie Einlagen in nationaler Währung aus dem Nichts geschaffen werden, wenn eine Einwohnerin des Landes eine Zahlung aus dem Ausland empfängt, werden Einlagen vernichtet, wenn Zahlungen an den Rest der Welt gemacht werden müssen. **Dieses Geld ist für die Ökonomie verloren.**

Diese Erkenntnis läuft dem, was wir als gesunden Menschenverstand verstehen, eigentlich zuwider. Dennoch ist es das, was im heutigen internationalen Zahlungssystem tatsächlich geschieht. Der französische Ökonom Bernard Schmitt hat die weitreichenden Folgen, die sich aus dem Resultat dieser Analyse ergeben, herausgearbeitet.[1] Wir können diese Beobachtung nicht als natürliches Phänomen betrachten, worüber man sich keine Sorgen machen müsste. Die Zahlung in nationaler Währung und jene in ausländischer Währung sind nicht die gleiche, sondern addieren sich in Tat und Wahrheit. Es gibt verschiedene Wege, dies nachzuweisen. Wir beschränken uns auf eine möglichst einfache Erklärung.

Es ist einfach zu verstehen, dass ein ausländischer Kredit für die Bezahlung der Importe einen Anstieg der Auslandsschulden darstellt. Aber wie steht das Geld hierzu, das von der importierenden Firma in nationaler Währung bezahlt wird? In inländischer Währung wird Geld dann geschaffen, wenn eine Bank einer Firma einen Kredit gewährt, damit diese ihre Arbeitskräfte bezahlen und die Güterproduktion starten kann. Das Geld ist deshalb an die wirtschaftliche Produktion gebunden. Die Schaffung von Output und Geld gehen Hand in Hand, sodass das Geld den Output in Form von Geldeinheiten misst. So weit so gut, die Prinzipien des endogenen Geldes und des Geldkreislaufs wurden bereits erklärt.

Wenn das Geld nun für Importe statt für Güter der nationalen Volkswirtschaft ausgegeben wird, dann kann ein entsprechender Teil dieser Güter nicht verkauft

---

[1] Für die ganz ausführliche Analyse siehe Schmitt (2014).

werden. Derselbe entsprechende Teil der Schulden kann nicht zurückbezahlt werden, weil die dafür benötigten Verkaufserträge fehlen. Aufgrund der Zahlung, die für die Importe gemacht wurde, ist das Geld, mit welchem diese Verkaufserträge generiert werden sollten, für die Ökonomie verloren. Das bedeutet, dass die effektive Nachfrage in der inländischen Volkswirtschaft sinkt und damit letztlich **der Output schrumpft.** Um analytisch präzise zu sein, sinkt die Produktion in der Grösse der Importe. In diesem Sinn verdoppelt sich die Zahlung für die Importe, weil es sowohl eine monetäre als auch eine reale Zahlung gibt. Die Zahlungen in nationaler und in ausländischer Währung sind nicht zweimal dieselbe, sondern addieren sich auf. Das importierende Land **bezahlt also einmal, indem es sich im Ausland verschuldet.** Diese Schuld muss durch den Export einer entsprechenden Menge an Gütern in Zukunft zurückbezahlt werden. Die Exporte werden die Devisenreserven generieren, um die Schuld zu begleichen. Das importierende Land **bezahlt ein zweites Mal durch den Verlust der Geldeinheiten** in eigener Währung, indem es die eigene inländische Nachfrage und damit seine Produktion schrumpfen lässt.

Soweit die Importe durch Exporte in der gleichen Periode kompensiert werden, gibt es keine doppelte Zahlung, weil die Exporte und Importe gegenläufige Zahlungen mit sich bringen. Während die Importe eine doppelte Zahlung verlangen, führen die Exporte zu einer Verdoppelung des Geldes, weil das exportierende Land sowohl Währungsreserven erhält als auch neues Geld in nationaler Währung schafft. Diese zwei Verdoppelungen streichen sich gegenseitig heraus, wenn die Exporte und Importe ausgeglichen sind. Die zweifache Zahlung ist deshalb nur relevant in dem Ausmass, wie ein Land ein Handelsbilanzdefizit beziehungsweise, um die nicht-handelsbezogenen Zahlungen ebenfalls einzubeziehen, ein Leistungsbilanzdefizit aufweist.

Die Auslandschulden führen zu **Zinsbelastung in ausländischer Währung.** Dies hilft uns, die doppelte Belastung der Auslandsschulden aus einer weiteren Perspektive zu entdecken. Wie wir argumentiert haben, löst der Schuldendienst eine Währungsabwertung aus, wenn die ausländische Währung im Devisenmarkt erworben werden muss. Die Zinsen in ausländischer Währung zu bezahlen ist also die erste Zahlung. Die Nachfrage nach ausländischer Währung im Devisenmarkt steigt relativ zum Angebot gemäss der Höhe der Zinslast. Um die Abwertung rückgängig zu machen, müsste die Zentralbank intervenieren, indem sie Reserven freilässt, die ebenfalls der Höhe der Zinslast entsprechen. So wäre das ursprüngliche Verhältnis zwischen Angebot und Nachfrage auf dem Devisenmarkt wiederhergestellt. Dies ist die zweite Zahlung.

Diese **zwei Erklärungen der Verdoppelung der ausländischen Schulden** wie auch des Schuldendienstes unterscheiden sich insofern, dass die zweite mit den Zinszahlungen die Wechselkursschwankungen und die Transaktionen im Devisenmarkt ins Spiel bringt, während die erste dies nicht tut. Beide Erklärungen führen jedoch mit ein paar Schritten in der Buchhaltungsbilanz zum gleichen Resultat.

7.2 Defizitländer im Teufelskreis

Der Mechanismus der doppelten Zahlung von Leistungsbilanzdefiziten ist vielleicht nicht auf Anhieb einfach zu verstehen, hat aber gravierende Auswirkungen. Er führt zu steigenden Auslandsschulden, auf welchen Zinsen fällig werden. Defizitländer müssen deshalb in Zukunft Überschussexporte generieren, um die Schulden zu bedienen und die Kredite zurückzuzahlen. Das ist nicht aussergewöhnlich. Aufgrund des derzeitigen Zahlungssystems führen Leistungsbilanzdefizite jedoch zu Wechselkursabwertungen. Ausserdem bedeutet die doppelte Zahlung der Nettoimporte, dass die **Defizitländer Ressourcen verlieren,** weil die inländische Nachfrage und die Beschäftigung sinken. Je weiter sich die Auslandsschulden anhäufen, desto schwieriger wird es für ein Land, die eigenen ökonomischen Aktivitäten aufrechtzuerhalten. Letztere sind jedoch die Quelle, aus denen die Exporte generiert werden müssen, um die Devisen für die Bedienung und Rückzahlung der Schulden zu verdienen. In einer Welt mit angemessenen makroökonomischen Strukturen sollte das Gegenteil der Fall sein. Länder mit einem Leistungsbilanzdefizit sollten Ressourcen hinzugewinnen, vielleicht sogar schneller als Überschussländer, statt sie zu verlieren. Dies würde es diesen Defizitländern erlauben, die produktive Basis der Ökonomie zu etablieren und zu verbessern, damit sie in den Exportmärkten stärker werden und bald ihre Leistungsbilanz ausgleichen können.

Die gegenwärtige internationale monetäre Struktur entstand nach der Aufgabe des **Bretton Woods Systems** der fixen Wechselkurse zu Beginn der 1970er Jahre. Das Bretton Woods Regime war nach dem Zweiten Weltkrieg eingerichtet worden.[2] Abgesehen von der der Gründung der Weltbank und des Internationalen Währungsfonds war die Anbindung der Wechselkurse an den US Dollar sein wesentlichstes Merkmal. Dabei war der Dollar durch Gold gedeckt mit der Absicht, seinen Wert zu sichern. Dies ging solange gut, wie die Ver-

---

[2]Für einen ausführlicheren historischen Hintergrund zum Bretton Woods System siehe Varoufakis et al. (2011).

einigten Staaten Leistungsbilanzüberschüsse erzielten und bereit waren, diese in den Defizitländern zu reinvestieren. Dies erlaubte den finalen Ausgleich der Handelsflüsse, weil die Defizitländer damit keine grösseren Probleme hatten, ihre Nettoimporte zu finanzieren. Auf diese Weise konnten die stabilen Wechselkurse aufrechterhalten werden.

Allerdings wiesen die USA seit den 1960er Jahren steigende Leistungsbilanzdefizite auf, weshalb die Überschussländer immer mehr Dollarreserven anzuhäufen begannen. Dadurch wurde es für die Vereinigten Staaten zunehmend schwieriger, den Wert des US Dollars durch die hinterlegten Goldreserven glaubwürdig zu garantieren. Nach der Eskalation des Konflikts wurden die Wechselkursanbindungen schliesslich aufgegeben und durch flexible schwankende Wechselkurse abgelöst.

Das System seit Bretton Woods wird von heterodoxen Ökonominnen und Ökonomen oft als eigentliches ‚**Nicht-System' der internationalen Zahlungen** bezeichnet, weil es keine globale Architektur gibt, die die schwankenden Wechselkurse reguliert. Der Begriff ist angemessen. Dass der doppelte Schuldendienst für die Auslandsschulden in der Regel in der ökonomischen Debatte nicht erkannt wird, zeigt allerdings, dass die Auswirkungen des Nicht-Systems viel schlimmer sind als die Debatte des Mainstreams suggeriert. Im Weiteren hatte auch das Bretton Woods System diese Schwäche, denn wie wir mittlerweile wissen, ändert die Wechselkursanbindung nichts an der Buchhaltungsmechanik der internationalen Zahlungen.

Wenn wir als Nächstes die Zahlungen zwischen den Ländern mit jenen innerhalb eines Landes vergleichen, sehen wir die schädlichen Effekte der Fehler der heutigen internationalen monetären Struktur ein weiteres Mal. Zu diesem Zweck müssen wir **zwei Auffassungen der Volkswirtschaft** unterscheiden. Einerseits ist eine Ökonomie die Summe ihrer Akteure. Diese Akteure sind die Haushalte, Firmen, der Staat, die Banken und wer sonst in den wirtschaftlichen Aktivitäten noch eine Rolle spielt. Andererseits ist die Volkswirtschaft durch ihren Währungsraum definiert. In dieser Hinsicht beinhaltet sie alle ökonomischen Aktivitäten, die unter Gebrauch der durch das nationale Bankensystem geschaffenen Währung stattfinden. Während sich die erste Definition auf die Summe mikroökonomischen Akteure bezieht, ist die zweite eine wirklich makroökonomische, weil sie sich nicht auf die Individuen abstützt. Die erste Definition fokussiert auf die Struktur aus den individuellen Akteuren und den Beziehungen zwischen ihnen, während die zweite vom Blickwinkel des Geldkreislaufs im Währungsraum auf die die Ökonomie schaut, unabhängig vom Charakter der Akteure darin.

Beide Auffassungen sind korrekt. Trotzdem ist ihre Unterscheidung wichtig aus einem bestimmten Grund. Wenn zum Beispiel eine Firma ihren Mit-

7.2 Defizitländer im Teufelskreis

arbeiterinnen und Mitarbeitern innerhalb der gleichen Volkswirtschaft die Löhne bezahlt, ist der Prozess einfach. Das Geld wird vom Konto der Firma auf jene der Arbeitskräfte transferiert. Unabhängig davon, ob die Zahlungen innerhalb derselben Bank oder zwischen verschiedenen Banken stattfinden, verändert sich die Grösse der Bilanz des gesamten Bankensystems nicht. Während ein Geldtransfer zwischen Akteuren, also eine mikroökonomische Zahlung stattfindet, bleibt der Währungsraum insgesamt davon unberührt.

Die Dinge ändern sich, wenn die Zahlungen international werden. Nehmen wir an, dass Firmen die Rechnungen für ihre Importe zu begleichen haben. Wieder gibt es eine **mikroökonomische Zahlung**, weil Geld von einem mikroökonomischen Akteur zum anderen fliesst. Weil der Empfänger nun aber kein Einwohner des Landes ist, ist der Währungsraum insgesamt auch betroffen. Der in einer solchen internationalen Zahlung involvierte Mechanismus der Vernichtung von nationaler Währung und der zusätzlichen Notwendigkeit, in ausländischer Währung zu zahlen, kommt nun ins Spiel. Die mikroökonomische Zahlung bringt also eine zweite, eine **makroökonomische Zahlung** mit sich, womit sowohl die verfügbare nationale Währung abnimmt als auch die Auslandsschulden steigen.

Der Unterschied zwischen nationalen und internationalen Zahlungen kann auch weniger technisch beschrieben werden: Während eine Zahlung innerhalb der Ökonomie nur den Zahler und die Empfängerin betrifft, ist eine internationale Zahlung auch für das makroökonomische System insgesamt relevant. Die Auswirkungen von Leistungsbilanzdefiziten wie Währungsabwertungen, Inflation, der Verlust ökonomischer Ressourcen und ein Anstieg der Auslandsschulden schaden allen Akteuren der betroffenen Volkswirtschaft. Deshalb sind nicht nur der Zahler und die Empfängerin involviert, sondern alle Akteure haben unter einer Zahlung zu leiden, die lediglich zwischen zwei Personen abgeschlossen wird. Die Tatsache, dass jede internationale Zahlung makroökonomische Auswirkungen hat, ist ein schädlicher Fehler im gegenwärtigen internationalen ‚Nicht-System' des Geldes.

Aus dem vorangehenden Kapitel wissen wir, dass die Entwicklungsländer nicht die Möglichkeit haben, Investitionsgüter zu importieren, wenn sie ein Leistungsbilanzdefizit verursachen. Sie könnten es sich dank Kapitalzuflüssen für eine Weile und in einem gewissen Ausmass leisten. Aber abgesehen davon führen die externen Defizite zu Instabilität des Wechselkurses, Inflation und Auslandsverschuldung. Die Zahlungsbilanzrestriktion hat sogar noch schlimmere Konsequenzen als im letzten Kapitel beschrieben, denn die doppelte Bezahlung für Leistungsbilanzdefizite nimmt einem Land auch die Ressourcen weg, die es benötigt, um in Zukunft Überschüsse zu erzielen.

Die Geschichte muss an dieser Stelle jedoch nicht fertig sein. So schlecht die Situation auch scheint, es ist genau die Analyse der Verdoppelung der internationalen Zahlungen, die die Grundlagen für eine Lösung des Auslandsschuldenproblems liefert.

> **Box V: Die Entwicklungsländer und die Covid-19 Pandemie**
> Die Covid-19 Pandemie, die Ende 2019 in China ihren Lauf nahm und sich in wenigen Monaten auf der ganzen Welt verbreitete, bietet ein Anschauungsbeispiel der verheerenden Auswirkungen von internationalen finanziellen Turbulenzen auf die Entwicklungsländer. Als klar wurde, dass das Coronavirus nicht nur den Tourismus und die Mobilität, sondern auch das Ausgabeverhalten der Haushalte in den Industrieländern beeinflussen würde, brachen die Aktienpreise ein. Die Nachfrage nach Energie sackte ab, weil der Luftverkehr aufgrund der strikten Reisebeschränkungen an den Landesgrenzen zusammengestrichen wurde. Gleichzeitig liessen die Lockdowns innerhalb der Länder einen Bruchteil des gewöhnlichen lokalen Personen- und Transportverkehrs übrig. Der internationale Handel war schwer betroffen, da nicht nur der Personen-, sondern auch der Gütertransport eingeschränkt wurde. Investitionspläne wurden verschoben. Das Resultat davon war ein Sturz des Ölpreises auf ein rekordtiefes Niveau, das im April 2020 kurz sogar in den negativen Bereich ging. Ähnlich drastische Preisstürze ereigneten sich auf den Rohstoffmärkten wie jenen für Kupfer, Aluminium, Sojabohnen, Kaffee, Kakao, Baumwolle und die meisten anderen Rohmaterialien.
>
> Einerseits war dies der maximalen Ungewissheit bezüglich der Nachfrage nach diesen Gütern während des Lockdowns geschuldet, aber auch der unbekannten Dauer der Lockdowns und den dunklen Wolken über der langfristigen wirtschaftlichen Entwicklung. Andererseits sind diese Rohstoffe stark finanzialisiert, das heisst, sie werden intensiv von Finanzinvestoren gehandelt. Der allgemeine Fall der Finanzmarktpreise bedeutete gleichzeitig auch, dass sich die Investoren aus den Rohstoffterminmärkten zurückzogen. Die tieferen Rohstoffpreise reflektieren deshalb zumindest teilweise auch die Implosion der spekulativen Aktivitäten.
>
> Tiefe Rohstoffpreise implizieren fallende Exporterträge für Entwicklungsländer, deren Exporte in der Regel vor allem aus Rohstoffen bestehen. In dieser speziellen Situation, in der die reichen Länder gezwungen waren, ihre Aktivitäten herunterzufahren und um ihre Industrieproduktion zu kämpfen, multiplizierte sich die Schockwelle deshalb, als sie

in den Entwicklungsländern ankam. Ausserdem mussten die armen Länder ihre eigenen Lockdowns ausrufen, womit sie ihre fragilen Industrien und weitere Sektoren gefährdeten. Die Aussichten auf tiefere Exporterträge zeigten bereits die zukünftigen Zahlungsbilanzprobleme an. Die Auswirkungen davon wäre ein verknapptes Angebot an ausländischer Währung und folglich eine Wechselkursabwertung.

Zudem liessen die reduzierten ökonomischen Möglichkeiten in den nationalen Volkswirtschaften die ausländischen Direktinvestitionen umkehren. Sowohl die Erwartungen als auch die tatsächlich eingetretenen Effekte lösten einen unmittelbaren Kapitalabfluss aus den Entwicklungsländern aus und die Währungsabwertung wurde Realität. In den Schwellenländern, zu denen mehr Daten verfügbar sind, erreichte die Kapitalflucht im Frühling 2020 etwa 100 Mrd. US Dollar innerhalb eines einzigen Monats, ein Vielfaches der Abflüsse nach der Finanzkrise von 2008. Einige Währungen werteten um nicht weniger als 20 % ab (OECD 2020).

Die Industriestaaten unterstützten ihre Volkswirtschaften mit bisher ungesehenen geldpolitischen Massnahmen. Die Zentralbanken der Vereinigten Staaten, der Europäischen Union und von China starteten Aufkaufprogramme ('Quantitative Easing') auf den Finanzmärkten über den Erwerb von Staatsanleihen hinaus, indem sie nun auch private Anleihen und sogar direkte Kreditvergaben an Firmen beinhalteten. Diese Massnahmen zogen international weite Kreise, weil der Überfluss an Finanzkapital neue Ströme zu den Schwellenländern und möglicherweise auch den Entwicklungsländern auslöste, welche die Kapitalflucht aus diesen Ländern zum Teil rückgängig machten. Die US Notenbank erweiterte ausserdem ihre Swap-Linien und richtete neue davon mit Zentralbanken in Schwellenländern ein. Das bedeutet, dass sie US Dollars im Austausch gegen die Währungen der jeweiligen Länder zur Verfügung stellte. Auf ähnliche Weise schuf sie sogenannte Repo-Fazilitäten, bei denen Länder US Dollars erhalten, wenn sie dafür US Staatsanleihen anbieten. Insgesamt erhöhten diese Massnahmen die Verfügbarkeit des Dollars auf den Devisenmärkten. Damit wurde die Verteidigung der Wechselkurse für die Schwellenländer einfacher. Während die Entwicklungsländer keinen direkten Zugang zu den Swap-Linien in US Dollar erhielten, profitierten sie wahrscheinlich dennoch von Synergieeffekten aufgrund des erhöhten Dollar-Angebots auf den Devisenmärkten.

Ultra-expansive Geldpolitik in den Industrieländern mag den Druck auf die Zahlungsbilanzen der Entwicklungsländer etwas reduziert haben. Allerdings änderte sie nichts am grundlegenden Problem, nämlich, dass die Kapitalflucht zu steigender Auslandsverschuldung führt. Die Auslandsschulden waren in vielen Entwicklungsländer schon vor der Pandemie im steten Anstieg begriffen und könnten nun definitiv in einer neuen Schuldenkrise enden. Die G20-Länder entschieden sich für einen Erlass beim Schuldendienst für das Jahr 2020, was aber natürlich an der Höhe der Schuld selbst nichts ändert. Mit Sambia meldete ein erstes Land im November 2020 einen Zahlungsausfall bei seinen Auslandsschulden an.

Zum Zeitpunkt des Schreibens dieser Absätze ist die globale makroökonomische Situation so ungewiss wie noch kaum je zuvor. Die Zukunft der Pandemie und des Coronavirus ist ungewiss. Die Rohstoffpreise haben sich zwar teilweise und manchmal auch vollständig erholt. Und trotzdem ist es schwierig zu sagen, was dies für einen zukünftigen wirtschaftlichen Wiederaufschwung bedeutet. Es ist wahrscheinlich, dass die neuen Höhenflüge auf den Finanzmärkten, die durch das Quantitative Easing ausgelöst wurden, auch die Rohstoffpreise in die Höhe trieben. Fraglich bleibt, ob die Erholung der Exportpreise der Entwicklungsländer von Dauer sein wird.

7.3 Der Keynes-Plan

An der Bretton Woods Konferenz im Jahr 1944 wurde über die Struktur des internationalen Zahlungssystems verhandelt, um systemische Krisen aufgrund von Handelsungleichgewichten zu vermeiden. Keynes als Chefunterhändler auf britischer Seite schlug ein Design vor, das heute als Keynes-Plan bekannt ist. Im Zentrum dieses Vorschlags steht eine Art **internationale Zentralbank,** die sich ‚International Clearing Union' nennt. Sie stellt eine **internationale Währung, den Bancor,** bereit, den die Länder für die Abwicklung ihrer internationalen Zahlungen verwenden. Immer wenn ein Land ein Leistungsbilanzdefizit einfährt, wird es mit den Bancor-Einheiten ausgestattet, die für die entsprechenden Zahlungen nötig sind. Gleichzeitig wird das Konto des Landes bei der internationalen Zentralbank mit einer entsprechenden Schuld belastet. Andererseits werden den Überschussländern die entsprechenden Beträge in Bancor auf ihren internationalen Konten gutgeschrieben. Diese Reform bringt damit einen wichtigen Fortschritt. Im Vergleich zum heutigen (Nicht-)System der internationalen Zahlungen, wo die Länder für die Bezahlung ihrer Importe nur Zugang zu US Dollars haben, ist die internationale Währung im Keynes-Plan für die Defizitländer nicht knapp, weil sie von der internationalen Zentralbank zu einem

7.3 Der Keynes-Plan

fixierten Wechselkurs und in jeder erforderlichen Menge damit ausgestattet werden. Bis dahin verhindert das Design von Keynes die Ungleichgewichte in den Zahlungsbilanzen der Länder noch nicht. Um dieses Problem zu berücksichtigen, sieht der Plan eine **Strafzahlung für Ungleichgewichte** je nach deren Höhe vor. Wenn nun aber die Defizitländer für ihren ‚Überkonsum' bestraft würden, müssten sie ihre Importe herunterfahren, indem sie in ihren Volkswirtschaften die Ausgaben reduzierten. Die Nachfrage würde sinken, wodurch auch die Weltwirtschaft in Mitleidenschaft gezogen würde. Aus diesem Grund wird die Strafzahlung den Überschussländern auferlegt. Ungleichgewichte in Handel und Finanzflüssen betreffen Defizit- und Überschussländer gleichermassen. Es ist deshalb nicht angezeigt, nur die Defizitländer zu kritisieren. Der ausgleichende Mechanismus der finanziellen Strafe wird daher dort wirksam, wo die makroökonomischen Kosten vermutlich am kleinsten sind. Darüber hinaus kann die Strafzahlung sogar einen expansiven Effekt haben, weil die Überschussländer einen Anreiz erhalten, mehr zu importieren, womit neue Exportmärkte für die Defizitländer entstehen.

Der Keynes-Plan hat aber auch eine **entscheidende Schwäche.** Er mag zwar den internationalen Handel und die Finanzflüsse stabilisieren, aber er berücksichtigt die Auswirkungen dieser Flüsse auf die nationalen Volkswirtschaften nicht. Ein Überschussland wird mit Bancor auf seinem internationalen Konto ausgestattet. Aber wie in der heutigen monetären Struktur erhält der Exporteur des jeweiligen Landes die Verkaufserträge in nationaler Währung. Das nationale Bankensystem bedient den Exporteur also mit neu geschaffenem Geld in inländischer Währung. Die Bilanz des Bankensystems wächst insgesamt. Andererseits bezahlen die Importeure immer noch mit inländischer Währung, während die Zahlung ans exportierende Land mit internationaler Währung getätigt werden muss.

Obwohl das Angebot an Bancor sämtliche Nachfrage bedient und damit den Druck von den Defizitländern beseitigt, kann das System die doppelte Zahlung für die Importe nicht vermeiden. Das bedeutet, dass das Geld in nationaler Währung, das für die Importe bezahlt wird, der nationalen Ökonomie immer noch verloren geht. Kurz zusammengefasst: Während der Keynes-Plan einen Steuerungsmechanismus enthält, der den internationalen Handelsungleichgewichten entgegenwirkt, so vernachlässigt er den Mechanismus, der der Buchhaltung internationaler Zahlungen innewohnt. Dieser Mechanismus ist es aber, der diese Ungleichgewichte verursacht und verstärkt. Konkret wird der Verlust von nationaler Währung und Ressourcen zur Stärkung der Exportkapazitäten in Defizitländern nicht angegangen.

Die Schwäche des Keynes-Plan kann beseitigt werden, indem ihm ein zusätzliches Element beigefügt wird. Es basiert auf einer einfachen Idee: Wenn alle Importe durch reale Exporte in gleicher Höhe ausgeglichen werden, verschwinden die heutigen monetären Ungleichgewichte in Defizit- und Überschussländern. Die zentrale Frage ist deshalb jene, wie sich die **Zahlungsbilanz ins Gleichgewicht** beziehungsweise die Leistungsbilanz sich auf null bringen lässt. Man könnte argumentieren, dass die Leistungsbilanzungleichgewichte exakt das zentrale Problem seien und es daher nichts helfe, sie per Annahme zu beseitigen. Es gibt aber tatsächlich einen Weg, wie man vom Ungleichgewicht zum Gleichgewicht gelangt.

Nochmals, ein Handelsbilanzdefizit bedeutet, dass ein Land mehr Güter importiert als exportiert. Dieses Ungleichgewicht kann ausgeglichen werden, indem die andere Komponente der Leistungsbilanz zur Hilfe genommen wird. Vereinfacht ausgedrückt, kann das Handelsbilanzdefizit bei den realen Gütern mit einem Handelsüberschuss bei den ‚finanziellen Gütern' ausgeglichen werden. Diese finanziellen Güter können Aktien, Anleihen oder andere **Wertpapiere** sein. In einem weiten und eher abstrakten Sinn sind diese finanziellen Vermögenswerte ebenfalls eine Art realer Güter. Abgesehen von spekulativen Preisschwankungen wird der grundsätzliche Wert von Finanztiteln durch die realen Werte bestimmt, die ihnen hinterlegt sind und auf die die Eigentümer der Finanztitel letztlich einen Anspruch erheben. Aus dieser weitgefassten Perspektive sind Wertpapiere ein Teil des inländischen Outputs. Wenn ein Defizitland diese Wertpapiere ins Ausland transferiert, bedeutet das schliesslich, dass ein Teil des nationalen Outputs verkauft wird. Der Export dieser Wertpapiere kompensiert die Überschussimporte, die wir als ursprüngliches Problem identifiziert haben.

Die Vervollständigung des Keynes-Plans kann damit wie folgt veranschaulicht werden[3]: Ein Defizitland erhält Bancor von der internationalen Zentralbank und ist bei letzterer nun in Bancor verschuldet. Dies impliziert eine doppelte Zahlung. Nun verkauft das Land Wertpapiere an die internationale Zentralbank im Betrag des Leistungsbilanzdefizits. Es verdient damit die gleiche Zahl an internationalen Geldeinheiten zurück, wie es für seine Netto-Importe bezahlt hat. Die Zahlungsbilanz ist im Gleichgewicht.

Auf der anderen Seite des Handels erhält ein Überschussland internationale Währung, wobei dem Konto des Exporteurs der gleiche Betrag in inländischer

---

[3]Für eine Abhandlung zu Keynes' globaler Reform und deren Vervollständigung siehe Rossi (2015).

Währung mit neuem Geld gutgeschrieben wird. Um dieses zusätzliche Geld zu vermeiden, eliminiert das Land es direkt wieder, indem es Wertpapiere von der internationalen Zentralbank kauft. Dieser Kauf beinhaltet eine doppelte Zahlung für das Überschussland, weil die Käufer der Wertpapiere wiederum in nationaler Währung bezahlen, während das Bankensystem des Landes die Rechnung in Bancor begleicht. Daran ist nun jedoch nichts falsch, denn die doppelte Zahlung gleicht das durch den ursprünglichen Überschuss neu geschaffene Geld exakt wieder aus. Insgesamt kaufen die Überschussländer die von den Defizitländern verkauften Wertpapiere, weil die Transfers und Zahlungen durch die internationale Institution abgewickelt werden. Der Handel ist ausgeglichen und es entstehen keine monetären Verzerrungen.

7.4 Die Umsetzung der Reform in einem einzelnen Land

Eine globale Lösung für das Management der internationalen Zahlungen wäre wünschbar und optimal. Entwicklungsländer sind aber nicht in der Lage, ein solches Abkommen auf internationaler Ebene zu erzwingen. Ausserdem benötigen arme Länder eine Lösung für die Zahlungsbilanzrestriktion heute statt an einem unbestimmten Datum in Zukunft, wenn die langfristigen Verhandlungen zu einem Ende gekommen sein mögen (oder eben nicht).[4] Zu diesem Zweck betrachten wir einen Vorschlag, dessen Elemente in der Analyse von Ernst Friedrich Schumacher in den 1940er-Jahren (siehe Schumacher 1943) zu finden sind und die von Bernard Schmitt weiterentwickelt wurden.[5] Der Vorschlag kann von einem einzelnen Land unilateral umgesetzt werden, ohne von einer internationalen Währung wie dem Bancor abhängig zu sein. Während wir den Keynes-Plan nur kurz beschrieben haben, werden wir die Variante für ein

---

[4]Dasselbe wurde bereits an der Bretton Woods Konferenz nach dem Zweiten Weltkrieg versucht. Während das System der fixierten Wechselkurse eingeführt wurde, wurde eine wie vom Keynes-Plan vorgesehene internationale Zentralbank nie geschaffen. Die Vereinigten Staaten zogen es vor, autonom über die Reinvestition ihrer externen Überschüsse in den Defizitländern zu entscheiden, statt die Entscheidungsmacht über die Finanzflüsse einer internationalen Organisation zu überlassen.
[5]Die folgenden Erklärungen der Reform basieren weitgehend auf Schmitt (2014) und Brunette (2015).

einzelnes Land detaillierter betrachten. Wir fassen ihre Struktur zusammen und vertiefen die für den vorliegenden Zweck notwendigen Elemente.

Die Reform der internationalen Zahlungen beeinträchtigt weder die Exporteure noch die Importeure, ob es sich dabei um Firmen, Staaten oder private Haushalte handelt. Tatsächlich ändert sich nichts für sie, sodass die Reform sogar unbemerkt bleiben könnte, wenn sie nicht als solche deklariert würde. Dennoch sind ihre Vorteile fundamental.

Auch mit der Lösung für ein einzelnes Land wird immer noch eine Institution benötigt, die die internationalen Zahlungen erledigt. Schmitt (2014) folgend nennen wir es ‚**Büro**'. Es ist eine öffentliche Institution und kann unilateral von dem Land eingerichtet werden, welches die Reform umsetzt. Wenn immer eine Einwohnerin oder ein Einwohner des Landes für Importe bezahlt, tut sie oder er dies in nationaler Währung. So weit ändert sich also noch nichts. Statt nun aber diese Geldeinheiten zu vernichten und eine zweite Zahlung in ausländischer Währung zu tätigen, zahlt die Bank des Importeurs den geschuldeten Betrag an das Büro. Das Büro vervollständigt die Zahlung, indem es den Exporteur aus dem Ausland in ausländischer Währung bedient.

Auf der Seite der Guthaben der Bilanz des Büros finden wir nun die Bankeinlage in inländischer Währung, die es vom Importeur erhalten hat. Die Zahlung durch den Importeur bedeutet wörtlich, dass die Eigentümerschaft der Einlage ans Büro transferiert wird. Für das inländische Bankensystem ändert sich also nichts, ausser dass die Einlage nicht mehr dem Importeur, sondern dem Büro gehört. Das neu erhaltene Geld in Form einer Einlage in der Bilanz des Büros steht einer Schuld in gleicher Höhe auf der Seite der Verbindlichkeiten gegenüber. Diese Schuld stammt von der Zahlung in ausländischer Währung, wofür das Büro einen Kredit aus dem Ausland benötigt.[6]

Bis hierher ist die Situation für das Entwicklungsland so, wie sie sein sollte. Weil die Eigentümerschaft des Geldes lediglich vom Importeur zum Büro wechselt, wird es im Verlauf der Zahlung nicht zerstört. **Die Volkswirtschaft verliert kein Geld.** Die inländische Nachfrage und die Beschäftigung können aufrechterhalten werden, wie sogleich erklärt wird. Allerdings gibt es immer noch eine Auslandsschuld, die das Problem mit sich bringt, wie der Leistungsbilanz-

---

[6]Wenn das Büro Devisenreserven aus vergangenen Leistungsbilanzüberschüssen besitzt, kann es auch diese für die Zahlung verwenden. In der Buchhaltungslogik ist dies gleichbedeutend mit einem Anstieg der Auslandsschulden.

7.4 Die Umsetzung der Reform in einem einzelnen Land

überschuss erzielt werden kann, um die Zinsen zu bedienen und die Schulden zurückzuzahlen.

Aus diesem Grund macht das Büro einen zweiten Schritt, um die Reform zu vervollständigen. Wir drücken dies zuerst auf eine etwas abstrakte Weise aus: Das Büro leiht den Betrag, den es aus den Finanzmärkten im Rest der Welt geliehen hat, an diese zurück. Gleichzeitig erhält das Ausland reale Ressourcen in gleicher Höhe vom Defizitland. Diese bestehen wahrscheinlich in Wertpapieren wie oben im Design der globalen Reform eingeführt. Wie bei der globalen Reform werden also die Importe und Exporte auf das gleiche Niveau gebracht. Von diesem Moment an bestehen keine Netto-Auslandsschulden mehr, da das grenzüberschreitende Leihen und Verleihen einander aufheben. Auf weniger abstrakte Weise ausgedrückt emittiert das Büro Wertpapiere und verkauft sie im Ausland, wodurch es die Devisen verdient, um die Auslandsschuld zurückzubezahlen. Diese Wertpapiere können simple Anleihen sein. Um die Formulierung noch weiter zu vereinfachen, transferiert das Büro **Anleihen ins Ausland,** um die Bildung von Auslandsschulden zu verhindern. Die Reform ist vollständig. Obwohl das Leistungsbilanzdefizit wie ein Ungleichgewicht aussieht, macht die Reform ein Gleichgewicht daraus.[7]

Wie diese Analyse zeigt, erhält das Büro bei einem Leistungsbilanzdefizit Geld in nationaler Währung. Diese Geldeinheiten sind essenziell, denn dass sie in der Bilanz des Büros existieren anstatt vernichtet zu werden stellt sicher, dass die effektive Nachfrage und der Output nicht schrumpfen. Um aber tatsächlich diesen Effekt zu haben, darf das Geld nicht in der Bilanz des Büros verbleiben. Das Büro muss es ausgeben. Die Ausgaben in der nationalen Ökonomie können entweder für Konsumgüter oder, was sehr viel besser ist, für **produktive Investitionen** ausgegeben werden. Das Guthaben in der Bilanz verändert sich insofern, dass reale Werte wie Kapitalgüter die Bankeinlage ersetzen. Das Büro ist also nicht nur Abwicklungsagentur für die internationalen Zahlungen, es ist auch ein Akteur, der in der nationalen Volkswirtschaft involviert ist. Es garantiert die effektive Nachfrage und die nationale makroökonomische Stabilität.

Es ist wichtig zu erwähnen, dass das Geld in inländischer Währung, welches das Büro erhält, einen **Extraprofit** darstellt. Indem es ihn ausgibt, geht das Büro keine zusätzliche Schuld ein. Es stimmt, dass die Werte des Büros den Anleihen

---

[7]Wenn wir uns im Folgenden auf Leistungsbilanzdefizite und -überschüsse beziehen, meinen wir damit jene Defizite und Überschüsse, die unter sonst gleichen Bedingungen ohne Reform bestehen würden.

gegenüberstehen, die es ins Ausland transferiert hat. Das bedeutet eigentlich, dass die realen Werte nun letztlich im Besitz von Ausländern sind. Aus der makroökonomischen Perspektive des Geldkreislaufs einer Volkswirtschaft sind die Werte des Büros aus seinen Investitionen aber ein zusätzliches Einkommen, das es im bisherigen internationalen Zahlungs(nicht-)system nicht gäbe.

Beispiel

Nachdem die einzelnen Elemente der Reform nun vorhanden sind, erklären wir ihren Mechanismus noch einmal Schritt für Schritt für das Beispiel eines Defizitlandes:

1. Die Importeurin bezahlt in nationaler Währung. Das Büro empfängt die Zahlung.
2. Gleichzeitig macht das Büro die Zahlung in ausländischer Währung an den ausländischen Exporteur, die es durch einen ausländischen Kredit finanziert.
3. Nach diesen zwei Schritten sieht die Bilanz des Büros wie folgt aus: Auf der Seite der Guthaben besitzt es eine Bankeinlage in inländischer Währung. Auf der Seite der Verbindlichkeiten steht eine Auslandsschuld in demselben Betrag.
4. Das Büro leiht die Auslandsschuld zurück und gibt gleichzeitig reale Ressourcen des Landes auf, indem es Wertpapiere (beispielsweise Anleihen) emittiert und diese ins Ausland transferiert.
5. Die Bilanz des Büros weist nun netto keine Auslandsschuld mehr auf, weil sich die zwei Kredite in gegenläufige Richtungen gegenseitig aufheben. Um es wiederum einfacher auszudrücken, das Büro zahlt die Auslandsschuld zurück beziehungsweise verhindert sie, indem sie Ressourcen in der Höhe der Netto-Importe ins Ausland transferiert.
6. Das Büro gibt die Extraprofite in der heimischen Ökonomie aus. Durch produktive Investitionen schafft es Produktionskapazitäten und wird der Besitzer von Kapitalgütern. Das bedeutet, dass das Büro seine Bankeinlage in nationaler Währung gegen reale Werte (Investitionsgüter) tauscht.
7. Am Schluss besitzt das Büro Kapitalgüter (Guthaben) und weist Anleihen bei seinen Verbindlichkeiten auf. Es gibt jedoch keine Netto-Schulden in ausländischer Währung, obwohl die Wertpapiere im Besitz von Ausländern sind. Die neuen Produktionskapazitäten sind der Gewinn des Landes. ◀

7.4 Die Umsetzung der Reform in einem einzelnen Land

Diese Beschreibung ist so simpel wie möglich gehalten, um das Buchhaltungsprozedere zu erklären. In der Realität müssen die Wertpapiere, die ins Ausland verkauft werden, um die Leistungsbilanz auszugleichen, nicht zwingend die eigenen Verbindlichkeiten des Büros sein, obwohl dies der einfachste Weg wäre. Je nach dem, welche Art von Investitionen das Büro mit den Extraprofiten macht, können die Anleihen, die es emittiert, mehr oder weniger marktfähig sein, weil sie zu mehr oder weniger liquiden Märkten gehören. Aus politischen Überlegungen wie jenen zur wirtschaftlichen Souveränität zieht es ein Land vielleicht vor, das Kapital des Büros nicht an ausländische Investoren zu veräussern, weil sie von strategischer Bedeutung für die Entwicklung des Landes sein können. In diesem Fall kann der Transfer von Wertpapieren auch **von der Zentralbank abgewickelt** werden. Sie kauft Papiere auf dem inländischen Finanzmarkt und verkauft sie im Ausland oder emittiert Zentralbankanleihen, während die verbleibenden Ansprüche zwischen Büro und Zentralbank bilateral abgerechnet werden. Weitere verschiedene Optionen sind, dass das Büro selbst Investitionsentscheide trifft oder die aus den Handelsbilanzdefiziten resultierenden Extraprofite an den allgemeinen Staatshaushalt transferiert, wo sie in dessen Investitionsplan integriert werden.

Die Abb. 7.1 fasst die Geld- und Finanzflüsse zusammen, die stattfinden, wenn ein Land ein Leistungsbilanzdefizit aufweist. Mit dem Beispiel von Importen sehen wir, dass für jeden Geldfluss, ob in nationaler oder ausländischer Währung – ein entsprechender gegenläufiger Fluss das monetäre Gleichgewicht garantiert.

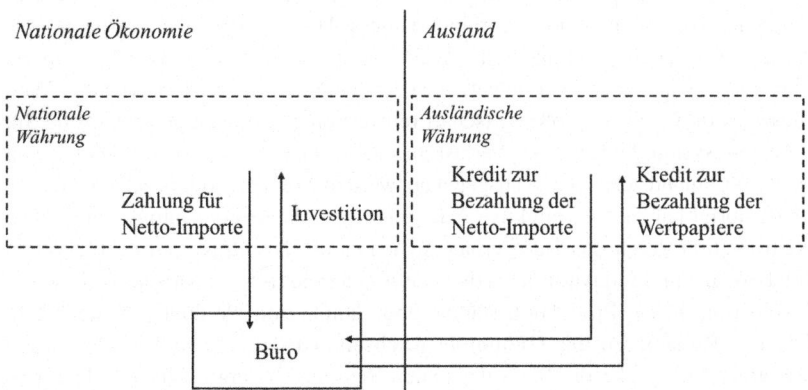

Abb. 7.1 Der Mechanismus der Reform für ein Defizitland. (Quelle: Eigene Darstellung)

Die nationale Ökonomie verliert kein Geld, sodass die Nachfrage nicht abnimmt. Kredite in entgegenstehende Richtungen streichen einander heraus. Das monetäre Gleichgewicht besteht fort, während die Zahlungen in realen Grössen vervollständigt werden: Netto-Importe realer Güter gegen Netto-Exporte von Wertpapieren. Mit der Reform laufen alle internationalen Zahlungen über das Büro. Die inländischen Banken haben deshalb nur Darlehen und Einlagen in nationaler Währung in ihren Bilanzen. In einem sehr strikten Sinn ist das **Büro der einzige ‚Handelspartner'** der inländischen Importeure und Exporteure. Sie bezahlen das Büro oder werden von ihm bezahlt, während das Büro selbst die Verantwortung für die finale Abwicklung der internationalen Zahlung mit dem eigentlichen Handelspartner im Ausland übernimmt. Ebenso ist das Büro die einzige Institution, welche die ausländischen Exporteure und Importeure bezahlt respektive von ihnen bezahlt wird. Aus dieser Tatsache folgt, dass die Bankensysteme der importierenden und exportierenden Länder ihre Ansprüche über das Büro begleichen. Nichts verändert sich für die individuelle Zahlerin oder Empfängerin, die nach wie vor Zahlungsaufträge gibt und Zahlungen auf ihrem Bankkonto entgegennimmt.

7.5 Wechselkursstabilität und wachsende Ressourcen dank der Reform

Wie bringt dies Reform nun eine fundamentale Veränderung hervor? Erstens **verhindert sie die doppelte Bezahlung** von Leistungsbilanzdefiziten und letztlich der Schuldzinsen, indem sie verhindert, dass Auslandsschulden überhaupt entstehen. Weil das Geld in nationaler Währung, das für die Bezahlung der Importe verwendet wird, nicht vernichtet, sondern zum Büro transferiert wird, kann dieses es in die eigene Volkswirtschaft reinvestieren wie oben gezeigt wurde. Im heutigen System bedeutet der Verlust an inländischer Währung, dass diese nicht mehr für inländische Güter ausgegeben werden können, sodass letztere unverkauft übrigbleiben. Die effektive Nachfrage und damit der Output sinken. Die Reinvestition durch das Büro erhält nicht nur die Nachfrage aufrecht, sondern trägt sogar zur Produktionskapazität, dem technologischen Fortschritt dank der Installation neuer Produktionsstätten und damit zum Produktivitätswachstum bei. Die **Ressourcen der Ökonomie wachsen** statt zu schrumpfen. Das ist ein wichtiger Erfolg, der die Basis der realen Ressourcen vergrössert, die dem Rest der Welt in Zeiten von Leistungsbilanzdefiziten zur Verfügung gestellt werden

7.5 Wechselkursstabilität und wachsende Ressourcen dank der Reform

müssen. Je grösser der Ressourcenpool, desto einfacher ist es, Wertpapiere ins Ausland zu transferieren, da letztere einen Teil dieser Ressourcen darstellen.

Zweitens garantiert die Reform die **Stabilität des Wechselkurses**. Weil das Büro jetzt für alle internationalen Transaktionen verantwortlich ist, werden die inländische und die ausländische Währung strikt getrennt. Einfaches Resultat daraus ist die Abschaffung des Devisenmarktes. Spekulanten können den Wechselkurs nicht mehr durch den Kauf und Verkauf von Währungen beeinflussen. Es gibt deshalb keine Möglichkeit mehr, von minimalen Änderungen des Wechselkurses zu profitieren, die sich wiederum zu selbstverstärkenden Kapitalflüssen und fortschreitenden Währungsabwertungen oder -aufwertungen entwickeln können. Das Büro kann deshalb den Wechselkurs bestimmen, zu dem es die Zahlungen zwischen inländischen und ausländischen Akteuren abwickelt.

Dieses zweite Ergebnis der Reform hat eine wichtige Wirkung: Im Gegensatz zum heutigen (Nicht-)System der internationalen Zahlungen können Leistungsbilanzdefizite keine Währungsabwertungen mehr auslösen. Die Probleme der höheren Last der Auslandsschulden, der importierten Inflation und der makroökonomischen Instabilität aufgrund der Wechselkursfluktuationen sind beseitigt. Da der Wechselkurs nicht mehr durch den Markt bestimmt wird, ist er zurück unter der Kontrolle der Politik in einem weiten Sinne. Es braucht nun eine politische Entscheidung, um den relativen Wert der Währung zu bestimmen. Diese Aufgabe kann im Verantwortlichkeitsbereich des Büros oder, was wahrscheinlicher ist, der Zentralbank sein. Letztere muss nicht mehr ein Wechselkursziel durch Interventionen im Devisenmarkt verteidigen. Wie bei der heutigen Wechselkursanbindung muss jedoch ein geeignetes Niveau des Wechselkurses gefunden werden. Abhängig von der Entwicklung der Produktionskosten eines Landes im Verhältnis zu jenen der Handelspartner wie auch abhängig vom beabsichtigten Wachstumsregime kann es angemessen sein, von Zeit zu Zeit langfristige Anpassungen beim Wechselkurs vorzunehmen.

Als kleine, mittlerweile wahrscheinlich überflüssige Erinnerung sei wiederholt, dass die Entwicklungsländer heute gezwungen sind, zumindest in der mittleren Frist eine ausgeglichene Leistungsbilanz oder sogar einen Überschuss zu erzielen, weil sonst die Währungsabwertung und die Auslandsschulden ausser Kontrollen geraten. Dank der Reform stehen Leistungsbilanzdefizite und Wechselkursstabilität nicht mehr im Widerspruch zueinander. Das bedeutet nichts weniger als dass die **Zahlungsbilanzrestriktion beseitigt** oder zumindest sehr stark gelockert ist. Ein Land, das seine internationalen Zahlungen auf die hier beschriebene Art reformiert, kann nun externe Defizite einfahren, ohne mit einer Währungskrise bestraft zu werden. Aus diesem Grund können Entwicklungsländer nun stärker wachsen, während die makroökonomische Stabilität sichergestellt ist. Die höheren Importe, die durch steigende Einkommen der Haushalte ausgelöst werden, ziehen keine Erhöhung der Auslandsschulden nach sich und beeinflussen deshalb den Wechselkurs nicht mehr. Dies ist möglich, weil ein Leistungsbilanzdefizit nun eigentlich kein Defizit mehr ist, auch wenn wir es der Einfachheit halber weiterhin so nennen. Jedes externe Defizit wird durch einen Transfer von Wertpapieren in gleicher Höhe ausgeglichen.

Mit der Reform können arme Länder wieder **wirksame Entwicklungsstrategien** verfolgen. Sie können die Geldpolitik und vor allem auch eine aktive Wirtschaftspolitik mit öffentlichen Investitionen, angemessenen Steuern und Sozialtransfers nutzen. Wir haben das Potenzial dieser Instrumente aus einer makroökonomischen Sicht in Kap. 5 analysiert. Dort wurde gezeigt, wie damit die wirtschaftliche Entwicklung, vorangetrieben werden kann, wozu die Märkte nicht in der Lage sind. Leider haben wir ebenso gesehen, dass staatliche Interventionen dieser Art im grossen Ganzen wirkungslos werden, sobald die Volkswirtschaft im Zusammenhang ihrer globalen Integration betrachtet wird. Mit der unilateralen Reform der internationalen Zahlungen erhalten die Länder ihren Handlungsspielraum zurück.

Bisher haben wir den Fall betrachtet, in dem ein Land ein Leistungsbilanzdefizit aufweist. Wie funktioniert die Reform der internationalen Zahlungen, wenn ein Überschuss vorliegt? Schauen wir nun diesen Fall an, um die Erklärung zu vervollständigen. Nichts ändert hinsichtlich der Rolle des Büros. Es ist nach wie vor die einzige Institution, die die Zahlungen abwickelt. Wir veranschaulichen dies nun mit der Zahlung für die Netto-Exporte eines Landes. Wie im heutigen System bezahlen die Importeure im Ausland mit ausländischer Währung. Die Zahlung wird ans Büro gemacht, welches nun Devisenreserven als Guthaben in seiner Bilanz hat. Und wie heute erhalten die Exporteure die Exporterträge in inländischer Währung. Das Büro stellt in seiner Verantwortung für die Abwicklung der Zahlung dem Exporteur das Geld in nationaler Währung zur Verfügung. Dies geschieht, indem es vom heimischen Bankensystem einen Kredit erhält. Dies ist allerdings genau analog zur heutigen problematischen Lage, wo Exportüberschüsse zur Schaffung neuen Geldes führen. Sogar mit der Reform erhalten die Exporteure Geld in nationaler Währung, das vorher nicht existierte. Während das neue Geld heute der Empfängerin direkt vom Bankensystem zur Verfügung gestellt wird, nimmt es nach der Umsetzung der Reform eine zusätzliche Schlaufe über das Büro. Wie wir diskutiert haben, kann die Schöpfung von zusätzlichem Geld, die nicht mit der Produktion von Gütern in der nationalen Ökonomie verbunden ist, zu Finanzblasen führen, indem es die Preise von realen und finanziellen Werten hochtreibt.

7.5 Wechselkursstabilität und wachsende Ressourcen dank der Reform

Um dies zu vermeiden, emittiert das Büro **Anleihen in nationaler Währung.** Der makroökonomische Effekt dieser Handlung ist leicht verständlich: die Käuferinnen und Käufer dieser neuen Anleihen geben dem Büro das Geld, mit dem es den Kredit zurückbezahlen kann, den es vom inländischen Bankensystem erhalten hat. Die Geldmenge, die neu geschaffen wurde ist nun wieder vernichtet. Es gibt kein überschüssiges Geld mehr, das Finanzblasen forcieren könnte, die monetäre Stabilität ist sichergestellt.[8] In der nationalen Volkswirtschaft ist die Zahlung nun in realen Grössen beglichen. Das Land exportiert Güter und erhält Anleihen im Austausch dafür. Letztere bedeuten einen Anspruch auf den realen Output.

Am Schluss ist der Überschuss des in diesem Beispiel betrachteten Landes gleich dem Defizit des Rests der Welt, den wir als einziges Defizitland zusammenfassen. Dieses hat bisher eine doppelte Zahlung gemacht, genau wie jedes Defizitland dies gegenwärtig tut (unter der Annahme, dass dieses Land nicht die Quelle einer globalen Reservewährung ist). Um dies zu verhindern, **kauft das Büro Wertpapiere im Ausland.** Damit sorgt das Büro dafür, dass eine doppelte Zahlung des Defizitlandes, mit dem es handelt, vermieden wird. Das Defizitland erhält dadurch ausländische Währung (beziehungsweise allgemein ausgedrückt: Reservewährung) im Tausch für die Wertpapiere, die es dem Überschussland verkauft hat. Somit kann es seine Leistungsbilanz ausgleichen. Ausserdem wird das Land des Importeurs dabei ebenso mit Geld seiner eigenen Währung ausgestattet, das sonst für jene Volkswirtschaft verloren wäre. Auf diese Weise wird die Nachfrage auch im Rest der Welt sichergestellt. Die Analogie zur globalen Version der Zahlungsreform ist damit vollständig.

Das Schlussresultat der Zahlung sieht so aus, dass das Büro ausländische Wertpapiere auf der Guthabenseite und Anleihen auf der Seite der Verbindlichkeiten seiner Bilanz aufweist. Das bedeutet, dass die ausländischen Wertpapiere letztlich im Besitz der Eigentümer der inländischen Anleihen sind. Die gesamte Zahlung ist nun real: Das Leistungsbilanzungleichgewicht wird durch einen Transfer von Wertpapieren vom Defizitland zum Überschussland ausgeglichen.

---

[8]Einige Länder wenden diese Massnahme bereits heute an. Wenn sich eine Volkswirtschaft starken Kapitalzuflüssen gegenübersieht, welche die Preise in der Realwirtschaft und auf den Finanzmärkten hochzutreiben drohen, veräussert die Zentralbank Anleihen, um die verfügbare Liquidität und damit den spekulativen Druck in der Ökonomie zu reduzieren. Man nennt dies ‚Sterilisierung' von Finanzflüssen.

> **Beispiel**
>
> Um den Fall des Überschusslandes zu erklären und die gesamte Reform besser zu verstehen, zeigt folgende Aufstellung nochmals die einzelnen Schritte auf, deren Reihenfolge auch anders sein könnte:
>
> 1. Die ausländische Importeurin bezahlt in ausländischer Währung. Das Büro empfängt die Zahlung.
> 2. Das Büro leiht Geld vom nationalen Bankensystem, um die Zahlung in inländischer Währung an den Exporteur zu tätigen.
> 3. Die Bilanz des Büros sieht nun aus wie folgt: Auf der Seite der Guthaben sind ausländische Devisenreserven, bei den Verbindlichkeiten ist es eine inländische Schuld in gleicher Höhe.
> 4. Aufgrund der Zahlung an den Exporteur ist die Geldmenge in der nationalen Volkswirtschaft angestiegen. Das Büro emittiert Anleihen, die auf inländische Währung lauten. Es verwendet das Geld, das es dafür erhält, um den inländischen Kredit zurückzubezahlen. Die Geldmenge in der Ökonomie ist zurück auf ihrem ursprünglichen Niveau.
> 5. Das Büro nutzt die Devisenreserven, um im Ausland Anleihen oder andere Wertpapiere zu erwerben. Die Geldmenge im Ausland beziehungsweise im importierenden Land, die durch die doppelte Zahlung reduziert worden war, ist nun ebenfalls zurück auf dem anfänglichen Niveau.
> 6. Am Schluss sieht die Bilanz des Büros folgendermassen aus: Auf der Seite der Guthaben besitzt es Wertpapiere in ausländischer Währung, denen Verbindlichkeiten in Form von Anleihen in nationaler Währung gegenüberstehen.
> 7. Als kleine Erweiterung können wir den Fall annehmen, wo das Land, das in der Vergangenheit ein Leistungsbilanzdefizit aufwies, nun ein Nettoexporteur mit einem Leistungsbilanzüberschuss geworden ist. Damit können die zwei vorangegangenen Schritte angepasst werden, wobei ihre Logik die gleiche bleibt: Anstelle der Ausgabe neuer Anleihen in nationaler Währung kann das Büro auch jene zurückkaufen, die es in der Vergangenheit zu Zeiten des Defizits dem Ausland zur Verfügung stellte. Es kann diese Wertpapiere auf dem inländischen Finanzmarkt verkaufen. ◄

Ob ein Land ein Leistungsbilanzdefizit oder einen Überschuss aufweist, die Reform der internationalen Zahlungen für ein einzelnes Land stellt die **monetäre Stabilität** sicher. Gerade Entwicklungsländern ermöglicht die Reform ökonomische Entwicklungspfade wie diesen: In einer Anfangsphase zielt die Entwicklungsstrategie auf die Steigerung der Investitionen ab, mit denen das Produktivitätswachstum angetrieben werden soll. Der Import von Kapitalgütern führt zu Leistungsbilanzdefiziten. Letztere statten das Büro mit Extraprofiten aus, die zu den Investitionen in der heimischen Volkswirtschaft beitragen, während der Wechselkurs stabil bleibt. Die verbesserten und erweiterten Produktionskapazitäten erlauben den schrittweisen Aufbau eines Exportsektors und machen das Land so im internationalen Handel wettbewerbsfähig. Über die Zeit hinweg kann das Land so ein Netto-Exporteur werden. Im Gegensatz zur aktuellen Situation besteht jedoch zu keiner Zeit Druck, einen externen Überschuss zu erzielen, denn nun häufen sich keine Auslandsschulden mehr an.

7.6 Die Kapitalflucht wird harmlos

Alle grundlegenden Elemente der Reform der internationalen Zahlungen sind nun erklärt und skizziert worden. Daraus können wir folgern, dass das reformierte System auch mit der Kapitalflucht zurechtkommen kann. Weil diese aber, wie wir dargelegt haben, ein sehr zentraler Bestandteil der makroökonomischen Herausforderungen von Entwicklungsländern ist, untersuchen wir ihre Effekte in einem reformierten Zahlungssystem an dieser Stelle etwas genauer. Obwohl der Wechselkurs stabilisiert ist, kann Kapitalflucht immer noch einsetzen, wenn die Regierung eines Entwicklungslandes mit der Umsetzung von Massnahmen beginnt, die zwar die langfristige Entwicklung begünstigen, gleichzeitig aber die Interessen des Kapitals bedrohen. In einem reformierten System haben die Kapitalabflüsse aber nicht mehr den gleichen Einfluss.

Der Einfluss der Kapitalflucht kann wie jede Zahlung aus der nationalen Ökonomie in ein anderes Land untersucht werden. Der hauptsächliche Unterschied ist, dass weder Güter im Tausch gegen die Zahlung importiert werden noch das Geld für spezifische Investitionen im Ausland verwendet wird. Nehmen wir an, dass eine reiche Einwohnerin eines Landes ihr Geld in ein anderes Land transferieren will und deshalb ihrer Bank einen Zahlungsauftrag erteilt. Die Bank tätigt die Zahlung, was bedeutet, dass das Büro dieses Geld in inländischer Währung erhält. Die vermögende Person wird dafür mit ausländischer Währung auf dem Konto, das sie in einer ausländischen Bank eröffnet hat, kompensiert. Wie bei jeder Zahlung dieser Art muss sich das Büro verschulden, um die Zahlung in ausländischer Währung tätigen zu können. Es eliminiert diese Auslandsschuld wiederum, indem es Wertpapiere ins Ausland verkauft, während das Geld, das es von der reichen Person in inländischer Währung erhalten hat, in der nationalen Volkswirtschaft reinvestiert. Der Mechanismus ist identisch mit dem Fall des Defizitlandes, der in Abb. 7.1 oben dargestellt ist.

Der wichtigste Unterschied zum heutigen System ist, dass die Kapitalflucht nach der Reform **keine Währungsabwertung mehr** auslöst. Der Wechselkurs wird vom Büro oder von der Geldpolitik festgelegt, sodass die Kapitalflucht, die selber aus spekulativen Transaktionen besteht, über den Devisenmarkt keinen Einfluss mehr darauf haben kann. Das ist ja schön und gut, so könnte man argumentieren, aber ist es nicht so, dass die Zentralbank im gegenwärtigen System schon dasselbe tun kann? Sie kann über die Auslandsverschuldung an Devisen gelangen oder von den vorhandenen Währungsreserven Gebrauch machen und sie auf dem Devisenmarkt verkaufen, um den Wert der nationalen Währung im Sinne einer Wechselkursanbindung zu verteidigen. Sobald aber die Devisenreserven aufgebraucht sind oder die internationalen Gläubiger das Vertrauen verloren haben, der in Schwierigkeiten steckenden Volkswirtschaft Geld zu leihen, stösst diese Politik an ihre Grenzen. Sie würden höhere Zinssätze auf ihren Krediten verlangen, um das höhere Risiko abzudecken. Früher oder später würde das System zusammenbrechen und eine massive Wechselkursabwertung und eine mögliche Hyperinflation nach sich ziehen, während die Auslandsschulden für Jahrzehnte auf den Schultern der Volkswirtschaft lasten.

Dieses Argument ist zutreffend, allerdings nur für die Wechselkursanbindung. Es zeigt das mangelnde Verständnis des Unterschieds zwischen fixierten Wechselkursen und unserer fundamentalen Reform der internationalen Zahlungen. Es gibt einige Gründe, weshalb das reformierte System tatsächlich in der Lage ist, die makroökonomische Stabilität zu garantieren. Erstens gibt es keinen Devisenmarkt mehr, die Spekulanten können **keinen Druck auf den Wechselkurs** mehr ausüben. Das ist es, was sie derzeit während Finanzkrisen tun, um die Währungsanbindungen der Zentralbanken herauszufordern. Der Wechselkurs wird nun vom Büro kontrolliert. Währungsabwertungen würden normalerweise zusätzliche Kapitalflucht auslösen, die den Wechselkurs wiederum noch stärker abschwächt. Die Vermögensbesitzer antizipieren diese Abwertungen sogar. Indem sie versuchen, ihr Geld im Voraus in Sicherheit zu bringen, lösen sie die Abwertung aus, die sie selbst befürchten. Dieser Teufelskreis, der selbst einer der wichtigsten Gründe für die Kapitalflucht ist, wird durch die Reform unmöglich gemacht.

Zweitens werden Zahlungen für Leistungsbilanzdefizite auch bei einer Wechselkursanbindung doppelt gemacht. Mit der Reform werden doppelte Zahlungen vermieden. Das Büro muss Wertpapiere im ausländischen Markt

7.6 Die Kapitalflucht wird harmlos

platzieren. Gleichzeitig verfügt es aber durch die Zahlung über Geld in inländischer Währung. **Die Ökonomie wird keiner Ressourcen beraubt.** Im Gegenteil, die Reinvestition dieses Geldes durch das Büro stärkt die produktive Basis der Volkswirtschaft. Einerseits hat die Kapitalflucht nicht mehr die gleiche Bestrafungsmacht, wodurch die Länder sie nicht mehr zu fürchten haben. Andererseits hinterlässt die Kapitalflucht die Länder nicht schwächer und schwächer wie ein sinkendes Schiff wie das mit den Dynamiken im aktuellen System der Fall sein kann. Dies ist ein weiterer Grund, weshalb die Kapitalflucht sich nicht mehr selbst verstärkt.

Diese Gründe unterscheiden die unilaterale Reform von den Instrumenten, die eine Zentralbank heute zur Verfügung hat, und erlaubt der Kapitalflucht nicht mehr, eine Volkswirtschaft zusammenbrechen zu lassen. Die Vermögenden mögen ihr Geld aus dem Land transferieren, das Land verliert dadurch aber keine Ressourcen mehr. Es kann die produktiven Aktivitäten aufrechterhalten und über die Investitionen weiter expandieren lassen.

Wir können den Sachverhalt in einem stilisierten einfachen Beispiel darstellen: Kapital im weitesten Sinn bedeutet Eigentum von Werten, ob diese physisch oder über Aktien, Schuldtitel oder Bankeinlagen vorliegen. Wenn ein Kapitalist entscheidet, sein Vermögen ins Ausland zu bewegen, muss er es in eine liquide Form bringen, sodass es in eine andere Ökonomie transferiert werden kann. Weil das Büro durch diesen Zahlungsvorgang das Geld in nationaler Währung erhält, kann es diese realen oder finanziellen Anlagegüter kaufen, die vom Kapitalisten veräussert wurden. Bis zu diesem Punkt ist das Vermögen des Kapitalisten in einer Einlage in einer ausländischen Bank abgebildet. Er kann sie nutzen, um die Wertpapiere zu kaufen, die vom Büro im Ausland angeboten werden und im einfachsten Fall einen Anspruch auf die vom Büro erworbenen Werte darstellen. Der Kapitalist besitzt in diesem Fall am Schluss die gleichen Anlagegüter, die er schon besass, als sein Vermögen in der nationalen Ökonomie parkiert war.

Natürlich ist es klar, dass weder der Kapitalist gezwungen ist, die Wertpapiere des Büros zu kaufen, noch das Büro zwingend die ehemaligen Wertgegenstände des Kapitalisten aufkauft. Beide Akteure können andere Vermögenswerte erwerben, während jene des Kapitalisten sowie die Wertpapiere des Defizitlandes ebenfalls genauso gut von anderen Akteuren gekauft werden können. Die Buchhaltung in diesem Beispiel zeigt dennoch, wie die Reform trotz der Kapitalflucht die monetäre und ökonomische Stabilität sicherstellt.

Literatur

Brunette, C. (2015). *External debt duplication: Effect of a payment system aberration.* Ph.D. thesis, Università Svizzera Italiana, Lugano.

OECD. (2020). COVID-19 and global capital flows. https://read.oecd-ilibrary.org/view/?ref=134_134881-twep75dnkt&title=COVID-19-and-global-capital-flows.

Rossi, S. (2015). Structural reforms in payment systems to avoid another systemic crisis. *Review of Keynesian Economics, 3*(2), 213–225.

Schmitt, B. (2014). The formation of sovereign debt: Diagnosis and remedy. https://papers.ssrn.com/sol3/papers.cfm?abstract_id=2513679.

Schumacher, E. F. (1943). Multilateral clearing. *Economica, New Series, 10*(38), 150–165.

Varoufakis, Y., Halevi, J., & Theocarakis, N. J. (2011). *Modern political economics: Making sense of the post-2008 world.* New York: Routledge.

Makroökonomische Entwicklungsstrategien 8

In den bisherigen Kapiteln hat dieses Buch die Elemente aus verschiedenen Bereichen zusammengetragen, die wir für das makroökonomische Fundament zugunsten einer langfristigen wirtschaftlichen Entwicklung und der Reduktion der Armut benötigen. Wir haben gesehen, dass es nicht funktionieren kann, auf die Märkte zu warten, damit diese den Weg für höhere Lebensstandards in den Entwicklungsländern bereiten. Die Mainstream-Ökonomie erklärt uns alle Details über die Effizienz der Märkte, verpasst es dabei aber, uns die gesamte Geschichte des Kapitalismus zu erzählen. Diese beinhaltet nicht nur den Tausch auf Märkten, sondern auch die Geldschöpfung und den Produktionsprozess. Die effektive Nachfrage und eine hinreichende Profitrate sind beides Bedingungen, damit eine wirtschaftliche Entwicklung stattfindet.

Eine **wirksame Entwicklungsstrategie** verlangt staatliche Interventionen. Die Umverteilung der Einkommen über Besteuerung und soziale Transfers hilft, die effektive Nachfrage zu stärken. Auf lange Sicht müssen arme Länder aber vor allem die Investitionen stärken, um grössere Produktionskapazitäten zu schaffen. Der Staat muss Sektoren ins Visier nehmen, die aus einer makroökonomischen und auch einer sozialen Sicht Priorität haben. Im Gegensatz zu den Investitionen des Privatsektors hängen die öffentlichen Investitionen nicht von der Rentabilität ab, sondern können sogar für relativ lange Zeit Defizite tragen. Bereiche mit besonders hohem Investitionsbedarf sind unter anderem die Infrastruktur oder die Weiterverarbeitung von Rohstoffen, um den Wert der Exporte zu steigern. Eine aktive Wirtschaftspolitik sollte eine in einem weiten Sinn verstandene **Industrialisierung** verfolgen.

Um die finanziellen Mittel für solche Investitionsprojekte bereitzustellen, können Entwicklungsländer **nationale Entwicklungsbanken** gründen oder, wo diese bereits existieren, ihre Position stärken. Ein Mangel an Geld ist nie das

Problem. Weder der öffentliche noch der private Sektor werden durch Geldknappheit an ihren wirtschaftlichen Aktivitäten gehindert. Geld kann auf Nachfrage zur Verfügung gestellt werden. Das Problem für den Privatsektor sind die Profitabilität und die Nachfrage. Der Grund, weshalb eine einzelne Firma in einem Entwicklungsland nicht investiert, ist, dass die Investition nicht genügend hohe Profite abwirft. Sie könnte die Verkaufspreise erhöhen, um eine bessere Marge zu erzielen. Dadurch werden die Güter aber für die Bevölkerung mit tiefem Einkommen wieder umso schwerer erschwinglich, womit sich das Problem der zu schwachen Nachfrage stellt.

Der öffentliche Sektor ist nicht an diese Einschränkung gebunden. Dasselbe gilt in diesem Zusammenhang für nationale Entwicklungsbanken. Sie sind nicht auf Profite angewiesen und können deshalb Kredite zu tieferen Zinssätzen anbieten, wenn dies aus Sicht der Entwicklungsstrategie der Regierung erforderlich ist. Auf diese Weise beanspruchen weder die Bank als Finanzierungsquelle noch der Staat insgesamt einen Teil des Outputs in Form von Zinsen. Aus diesem Grand kann sich eine solche Wachstumsstrategie vollständig auf die Nachfrage als Bedingung für die wirtschaftliche Prosperität konzentrieren. Indem im öffentlichen Sektor Beschäftigung geschaffen wird, generiert das entsprechend entstehende Einkommen die für die ökonomische Expansion notwendige Nachfrage.

Für ein armes Land ist das Entwerfen einer Entwicklungsstrategie mit Zielkonflikten verbunden. Geld ist nicht limitiert, die realen Ressourcen wie Technologie und qualifizierte Arbeitskräfte sind es. Das endogene Geld ist deshalb kein Allheilmittel, das alleine genommen genügt, um Vollbeschäftigung und steigende Lebensstandards zu garantieren. In der Makroökonomie ist es angemessener, die Geldschöpfung als unterstützenden Mechanismus zu verstehen, der Entwicklungsstrategien ermöglicht, die sonst nicht umsetzbar wären. Weil der **Flaschenhals bei den realen Ressourcen** liegt, kann es erforderlich sein, diese in Sektoren zu konzentrieren, die als besonders wichtig identifiziert werden. Der Markt ist nicht in der Lage, eine solche Selektion vorzunehmen. Das Einzige, was Märkte tun, ist, die Ressourcen jenen Bereichen zuzuordnen, wo die Profitrate und die Nachfrage derzeit hinreichend sind. Dies kann leicht zur ineffizienten Verwendung von Ressourcen führen, was dem Produktivitätswachstum in der langen Frist schadet. Schlimmer noch, die Marktkräfte verschwenden viele Ressourcen und ein grosses Produktionspotenzial, vor allem Arbeitskräfte, weil sie sie nicht nutzen.

Öffentliche Investitionen generieren Beschäftigung und helfen den Menschen, aus dem prekären informellen Sektor hinauszugelangen. In armen Ländern, wo der informelle Sektor die grosse Mehrheit der Bevölkerung absorbiert, ist Vollbeschäftigung im formalen Sinn in einem oder zwei Jahrzehnten kaum zu erreichen. Doch kann die Beschäftigung stark gesteigert werden. Indem die Bedingungen im öffentlichen Sektor richtig festgelegt werden, kann darüber hinaus auch der Privatsektor beeinflusst werden. Vor allem durch die Auswirkungen auf die effektive Nachfrage und die Profitrate kann der Staat ein **Crowding-In des Privatsektors** erreichen und damit seine eigenen Bemühungen multiplizieren. Vor allem werden die Rentabilitätsbedingungen der privaten Firmen durch eine gesteigerte Produktivität, beispielsweise aufgrund verbesserter Infrastruktur oder höherer Energieproduktion, sehr stark verbessert werden.

Die gesetzliche Festlegung eines **Mindestlohns** ist ein zusätzliches Steuerungsinstrument. Darüber hinaus kann der Staat entscheiden, zu welchem Lohnsatz er Arbeitskräfte einstellt. Dieser Lohn ist eine Messlatte, die den Privatsektor über ein verändertes Machtverhältnis im Arbeitsmarkt beeinflusst. Abhängig davon, ob das Wachstum lohn- oder profitgetrieben ist, kann ein höherer Lohn entweder gut oder bremsend für die wirtschaftliche Leistung sein.

Eine Entwicklungsstrategie, welche diese Elemente enthält, wäre nicht umsetzbar, wenn sie immer noch auf die Zahlungsbilanzrestriktion träfe. Länder mit externen Defiziten und besonderes jene, die von Kapitalflucht getroffen werden, erleiden Währungsabwertung, Inflation und wachsende Auslandsverschuldung. Wenn jedoch die nationale Wirtschaftspolitik mit der Reform der internationalen Zahlungen für ein einzelnes Land ergänzt wird, ist die **Zahlungsbilanzrestriktion beseitigt**. Die Entwicklungsländer haben dann die Möglichkeit, Leistungsbilanzdefizite einzufahren, die es ihnen ermöglichen, die Produktionskapazitäten zu erweitern. Dank der Reform und der Einrichtung eines Büros als Agentur für die Abwicklung internationaler Zahlungen wie auch als nationaler Investor kann ein Land die Fehler des heutigen internationalen Zahlungssystems umgehen.

Mit der Reform der internationalen Zahlungen gewinnt ein Land die **Kontrolle über seinen Wechselkurs** zurück. Als Teil der Entwicklungsstrategie kann die Zentralbank den Wechselkurs auf einem als angemessen erachteten Niveau festlegen. Dies erfordert einerseits die Berücksichtigung der internationalen Wettbewerbsfähigkeit und andererseits der Nachfrage und des Einkommens im Inland.

In diesem ganzen Kontext sollten auch **institutionelle Aspekte** in Betracht gezogen werden. Viele wichtige Institutionen in Entwicklungsländern sind in der Regel sehr schwach aufgestellt. Wirtschaftspolitische Massnahmen können nur als geeignet beurteilt werden, wenn sie diese Schwächen berücksichtigen. Das bedeutet, dass Massnahmen, die bei der praktischen Umsetzung von allzu komplizierten Anforderungen abhängig sind, wahrscheinlich nicht machbar sind.

Die unilaterale Reform der internationalen Zahlungen sollte diesen Test gut bestehen. Das Büro ist die einzige neu einzuführende Institution. Es kann in ein spezifisches Regierungsministerium integriert oder als unabhängigere Einheit geschaffen werden. In jedem Fall ist es eine öffentliche Institution. Seine schwierigste Aufgabe ist die Reinvestition der Extraprofite. Die Regierung hat im Allgemeinen jedoch bereits einen mehr oder weniger ambitionierten Investitionsplan, sodass die institutionelle Kapazität zumindest teilweise vorhanden sein sollte.

Alle anderen Akteure ausser den Banken bemerken die Reform nicht einmal, wenn sie nichts davon wissen. Solange sich die inländischen Banken an die Vorschrift halten, dass sie weder Guthaben noch Verbindlichkeiten in ausländischer Währung in ihren Bilanzen halten dürfen, ist die Umsetzung der Reform relativ unkompliziert. Es gibt keine Anreize zur Umgehung. Zum Beispiel könnte ein Spekulant versuchen, Währung in Bargeld gegen eine andere zu einem anderen Wechselkurs als jenem des Büros umzutauschen. Die nähere Betrachtung zeigt aber, dass dies die Autorität des Büros als Durchsetzer des Wechselkurses nicht unterwandert. Ob eine Währung zu einem höheren oder tieferen Wechselkurs angeboten wird, es gibt immer eine Partei im Tauschgeschäft, die mit einer Zahlung über das Büro besser fährt.

Mit der Reform sind **Kapitalverkehrskontrollen** grundsätzlich nicht mehr erforderlich, denn das Büro kommt nun mit den internationalen Finanzflüssen zurecht. Trotzdem kann es Umstände geben, in denen Kapitalabflüsse zu hoch sind, als dass alle Extraprofite, die durch das externe Defizit anfallen, auf sinnvolle Art investiert werden können. Ein Entwicklungsplan durchläuft verschiedene Phasen. Zu hohe Investitionen zur gleichen Zeit können allenfalls von der nationalen Ökonomie nicht absorbiert werden, beispielsweise aufgrund des Einflusses auf den Arbeitsmarkt, wo eventuell die Fachkräfte ausgehen.

Ein ähnliches Argument betrifft die **Zölle.** Wenn Handelsbilanzdefizite auf ein Niveau anwachsen, wo die Extraprofite des Büros viel höher sind als benötigt, können Zölle ein Weg sein, um das Defizit unter Kontrolle zu behalten. Das könnte wünschbar sein, weil es möglicherweise aus politischen Gründen angezeigt ist, nicht zu viele der inländischen realen Ressourcen für das Funktionieren der Reform im Defizitfall aufzugeben. Während also die unilaterale Reform der internationalen Zahlungen die Basis bildet für die die wirtschaftlichen Beziehungen eines Entwicklungslandes mit dem Rest der Welt, können Kapitalverkehrskontrollen und Zölle zusätzliche Instrumente für spezifische Situationen sein. Über den Einfluss der Zahlungsbilanz hinaus können Zölle ausserdem immer noch nützlich sein für den Schutz junger Industrien, wie oben erklärt wurde.

Box VI: die ostasiatische Entwicklungsgeschichte

Die Zahlen über die Armut und den Stand der Entwicklung in Lateinamerika, Afrika und Asien am Anfang dieses Buches legen dar, wie schwierig es ist, das Wohlbefinden der Menschen und ihre Lebensqualität wirklich zu messen. Aber sie sind zumindest in der Lage, aufzuzeigen, dass Ostasien die einzige Region auf diesen drei Kontinenten ist, die einen zweifelsfreien und stetigen Anstieg des Lebensstandards seit Mitte des letzten Jahrhunderts erlebt hat.[1] Während beispielsweise der Anteil von Chinesen an den ärmsten 10 % der Weltbevölkerung gemessen am Einkommen im Jahr 1981 58 % betrug, waren es nur noch 11 % im Jahr 2010 (Woodward 2015, S. 53). Gemäss den gängigen Politikrezepten des ökonomischen Mainstreams und insbesondere der multilateralen Finanzinstitutionen wie der Weltbank und dem Internationalen Währungsfonds kann dieser Erfolg nur durch die Politik des freien Marktes der ostasiatischen Länder erklärt werden. Diese Rezepte beinhalten die Privatisierung öffentlicher Vermögenswerte, die Liberalisierung des Handels und der Finanzflüsse, die Deregulierung der nationalen Finanzmärkte und eine minimale Rolle für den Staat. Zur Erreichung der Entwicklungsziele braucht es auch eine konservative Fiskal- und Geldpolitik, um die Marktdynamik nicht zu stören.

Ein genauerer Blick offenbart aber sofort, dass diese erfolgreichen Länder – ob sie in Richtung Westen orientiert waren und sind oder nicht – Entwicklungsstrategien verfolgt haben, die dem Staat eine prominente Rolle zugestehen.[2] Länder wie Taiwan und Südkorea hatten in den Jahrzehnten ihres grössten Wachstums einen sehr grossen Sektor von staatseigenen Betrieben und funktionierten wirtschaftlich viel besser als zahlreiche lateinamerikanische Länder, wo die entsprechenden Anteile tiefer waren. Der öffentliche Sektor hat keineswegs zwingend ineffizient zu sein. Im Gegenteil, viele staatliche Firmen in diesen Ländern waren sowohl im Inland als auch im Ausland dem Wettbewerb mit dem Privat-

---

[1]Während Japans Phase des starken Wachstums bereits in den 1960er Jahren startete, folgte China etwas später gegen Ende der 1970er Jahre.
[2]Für einen breiteren Überblick über die ostasiatische Erfolgsgeschichte siehe Chang (2006) und Wade (1990).

sektor ausgesetzt. In diesem Sinn ist es ebenso wenig überraschend, dass die ostasiatischen Länder aktiven Gebrauch der Industriepolitik gemacht haben, um die ökonomischen Ressourcen zu koordinieren und langfristige Investitionen zu tätigen, die von den privaten Firmen vernachlässigt wurden, sowie auch Zielsektoren für diese Investitionen auszuwählen. Letztere erhielten subventionierte Kredite von öffentlichen Banken, um bessere Startbedingungen zu haben. Ausserdem wurden riesige Ausgaben für Forschung und Entwicklung getätigt, um die Entwicklung der prioritären Sektoren zu unterstützen.

Natürlich waren auch der Schutz junger Industrien und damit eine aktive Handelspolitik mit Zöllen Teil dieser Strategien. Neue Industriezweige mussten geschützt werden, damit sich Effizienzgewinne aus Lernprozessen realisieren konnten. Zudem erlaubte es die staatliche Unterstützung, Industriesektoren in einer Grösse zu etablieren, dank welcher Skaleneffekte zu tieferen Stückkosten in der Produktion führten. Der Druck der Regierungen auf die Managementetagen dieser staatseigenen Firmen war sehr hoch, um sicherzustellen, dass ein hinreichender Produktivitätsfortschritt sie auf dem Weltmarkt wettbewerbsfähig machen würde.

Vor der Liberalisierungsperiode waren Kapitalverkehrskontrollen ein konventionelles Instrument, um plötzliche Kapitalzu- und -abflüsse zu begrenzen. Sie halfen auch dabei, die Investitionen zu steuern und verhinderten, dass Kapital in Sektoren fliessen und dort wirtschaftliche Ressourcen binden würde, die für die jeweilige nationale Wachstumsstrategie nicht von hoher Bedeutung waren. Ebenso war die Kontrolle der Kapitalabflüsse notwendig, um Währungskrisen zu verhindern. Bis heute unterliegt ausländisches Kapital in China ziemlich starken gesetzlichen Einschränkungen, während die Kapitalabflüsse strikt kontrolliert werden. Beispielsweise muss jede Zahlung ins Ausland rapportiert werden und darf eine bestimmte Höhe pro zahlende Person und Jahr nicht überschreiten. Ein ähnliches Ziel wurde mit der Anwendung von Zöllen auf Luxuskonsumgütern in Südkorea verfolgt. Sie reduzierten die Menge an Währungsreserven, die dem Land durch den Import dieser Güter verloren gingen und zwangen gleichzeitig die Elite, ihre Ersparnisse für die inländischen Investitionen beizutragen (Chang 2006, S. 24–28). Damit wurde die Abhängigkeit von Auslandskapital reduziert.

Ohne diese Politiken hätten Japan, Südkorea und Taiwan unter anderem kaum ihre berühmten Auto- und Elektronikindustrien entwickelt. Um ein

Beispiel zu geben, die Weltbank empfahl der südkoreanischen Regierung in den Sechzigerjahren, nicht in die Stahlindustrie reinzugehen. Ebenso wenig war eine Firma des Privatsektors bereit, dieses Risiko zu tragen. Dennoch erzwang die Regierung die Entwicklung des Stahlsektors mit einem breiten industriepolitischen Instrumentarium. POSCO war nicht nur eine erfolgreiche staatseigene Firma, sondern wurde auch der drittgrösste Stahlproduzent der Welt und spielte eine überaus wichtige Rolle in der Industrialisierung Südkoreas.

Was viele dieser Länder gemeinsam haben, verstärkt noch nach der Asienkrise 1997, ist die Exportorientierung ihrer Volkswirtschaften. Während diese Strategie ihre bereits erwähnten grundsätzlichen Grenzen auf globaler Ebene hat, könnte sie in der Zwischenzeit sogar noch schwieriger geworden sein. Die Nachfrage in den reichen Ländern tendiert seit dem Ausbruch der Finanzkrise 2008 zur Stagnation. Unsere Analyse und der Vorschlag einer unilateralen Zahlungsreform bieten eine Lösung für diesen Flaschenhals.

Literatur

Chang, H.-J. (2006). *The East Asian development experience: The miracle, the crisis and the future*. London & New York: Zed Books Ltd. & Third World Network.

Wade, R. H. (1990). *Governing the market: Economic theory and the role of government in East Asian industrialization*. Princeton: Princeton University Press.

Woodward, D. (2015). Incrementum ad absurdum: Global growth, inequality and poverty eradication in a carbon-constrained world. *World Economic Review, 4*, 43–62.

Ewiges Wachstum? 9

Obwohl Wachstum nicht alles ist, so ist es doch klar, dass die Entwicklungsländer die Armut nicht beseitigen können, wenn sie ihren Bevölkerungen kein höheres Einkommen bieten. Eine Verbesserung des materiellen Lebensstandards verlangt nach Wirtschaftswachstum (siehe Box I). Wenn wir nun aber annehmen, dass der Entwurf unserer makroökonomischen Strategie erfolgreich ist, wohin führt uns das letztlich? **Ist das Wachstum grenzenlos?** Wir können uns vorstellen, dass ein fortschreitendes Einkommenswachstum ab einem bestimmten Lebensstandard sinnlos wird. Ab einem gewissen Punkt sind nicht nur unsere Grundbedürfnisse befriedigt, sondern auch unsere Interessen und Wünsche in Kultur, Kunst, Sport und anderen selbstverwirklichenden Aktivitäten. Wir beginnen dann die Frage zu stellen, ob es nicht besser wäre, mehr Freizeit zu geniessen als noch mehr Kapitalgüter zu anzuhäufen, um Güter produzieren, welche bereits übererfüllte Bedürfnisse abdecken sollen.

Diese Frage ist sehr hypothetisch für Entwicklungsländer, sollte in den wirtschaftlich weit entwickelten Ländern aber dringend beantwortet werden. Der Grund dafür ist nicht nur philosophisch, sondern auch existenziell aufgrund der ökologischen Grenzen unseres Planeten. Ein grösserer Output an Gütern und Dienstleistungen bedeutet mehr Konsum von Energie und natürlichen Ressourcen. Endloses Wirtschaftswachstum könnte deshalb zum Zusammenbruch der Ökosysteme führen und das Klima weiter aufheizen bis zum Kollaps. Es ist offensichtlich, dass der Kampf gegen die Armut auf eine **intakte Umwelt** angewiesen ist. Der Wert der Natur ist mehr als nur ökonomisch. Aber ihn in ökonomischen Grössen darzustellen, ist auch ein Weg, um die Bedeutung der Natur auszudrücken. Umweltschäden reduzieren die Verfügbarkeit essenzieller Ressourcen wie Trinkwasser oder fruchtbarer Boden. Dies hat einen direkten negativen Einfluss auf die Produktivität einer Volkswirtschaft, vor allem in den

Entwicklungsländern, wo die Landwirtschaft eine dominante Rolle spielt. Die Auswirkungen des **Klimawandels** werden noch weit verheerender ausfallen, wenn er nicht konsequent angegangen wird. Im 21. Jahrhundert kann die Entwicklungsmakroökonomie deshalb nicht diskutiert werden, ohne Bezug auf die natürliche Umwelt und die potenziellen Grenzen des Wachstums Bezug zu nehmen.

Die **optimistische Sicht des Wirtschaftswachstums** stellt sich auf den Standpunkt, dass unsere Ökonomien dank des technologischen Fortschritts energieeffizienter werden und die fossilen Energieträger durch erneuerbare Energiequellen ersetzt werden können, sodass wir den Klimawandel und die Umweltverschmutzung stoppen können. Bessere Technologie wird auch Sektoren wie die Landwirtschaft flächeneffizienter und bodenschonender machen, sodass mehr Platz für natürliche Schutzgebiete bleibt.

Während moderne Technologien und Effizienzsteigerung unabdingbare Voraussetzungen für das Erreichen der ökologischen Nachhaltigkeit sind, so sind sie ungenügend angesichts der Tatsache, dass der globale Energieverbrauch immer noch ansteigt (siehe Oberholzer 2017, S. 9–12). ‚Business as Usual' ist keine Option. Wenn zudem die Menschen in den heutigen Entwicklungsländern der Armut entrinnen sollen (während sie immer noch weit weg vom Lebensstandard der reichen Länder wären) und sich die bisherige Entwicklung in der Einkommensverteilung fortsetzt, müsste sich das globale Bruttoinlandsprodukt um den Faktor 173 multiplizieren (Woodward 2015, S. 58). Sogar mit den optimistischsten Szenarien von technologischem Fortschritt können wir uns nicht vorstellen, dass dies erreicht und gleichzeitig die Grenzen der Natur respektiert werden können.

Statt also grenzenloses Wachstum zu fördern, sollte die Armutsreduktion stärker durch Umverteilung von Reichtum und Ressourcen erreicht werden. Während das Wachstum in den Entwicklungsländern zwingend ist, muss es konsequenterweise begrenzt werden, wenn einmal ein bestimmter Lebensstandard erreicht ist. Offensichtlich gilt letzteres für die gegenwärtig reichsten Länder der Welt. Die Frage, die natürlicherweise aus dieser Feststellung folgt, lautet: Was bedeutet das Ideal eines nachhaltigen und stagnierenden Outputs und seine Umverteilung für die **makroökonomische Dynamik?**

Die Frage ist ebenso wichtig aufgrund der Beobachtung der Daten, die die Entwicklung der tatsächlichen Wachstumsraten zeigen anstelle des Niveaus, auf dem wir diese gemäss obigen Gedanken zu haben wünschen. Fakt ist, dass es starke Anzeichen einer **globalen ökonomischen Stagnation** gibt. Das langfristige Wirtschaftswachstum in den Industrieländern befindet sich nun seit mehr als einem halben Jahrhundert im Niedergang (Freeman 2019). Marx (2004,

S. 209–211) liefert eine Erklärung für diese Beobachtung, die als ‚tendenzieller Fall der Profitrate' bezeichnet wird. Im Verlauf der ökonomischen Entwicklung wird Kapital akkumuliert. Das bedeutet, dass die Profitrate, also das Verhältnis von Profiten zu Kapital über die Zeit hinweg tendenziell sinkt. Die Profitabilität der Investitionen als eine der zwei zentralen Wachstumsmotoren ist gefährdet. Dem Niedergang der Profitrate kann durch Produktivitätswachstum entgegengewirkt werden, weil eine höhere Produktivität zu höheren Profiten bei gegebenem Kapital beiträgt. Die Rate des Produktivitätsfortschritt ist in den vergangenen Jahrzehnten aber ebenfalls gesunken und war, wie die Beobachtung uns zeigt, ungenügend, um konstant hohe Wachstumsraten zu generieren.

Man könnte sich an den Daten des fallenden Wachstums freuen, denn sie helfen der Umwelt. Der Kapitalismus wäre aber nicht der Kapitalismus, wenn er sich mit einer reduzierten Rentabilität zufriedengeben würde. Investitionen werden nur getätigt, wenn sie genügend hohe Erträge abwerfen. Eine tiefe Profitrate bedeutet weniger Investitionen und folglich eine steigende Arbeitslosigkeit. Um den Kapitaleinsatz wieder profitabel zu machen, versuchen die Arbeitgeber, die Produktionskosten zu reduzieren, um höhere Profite zu erzielen. Um die Produktionskosten zu senken, müssen die Löhne beschnitten werden. Aufgrund der permanenten Jagd des Kapitals nach Profit führt tiefes Wirtschaftswachstum zu sozialer Härte in der Form **hoher Arbeitslosigkeit und tieferer Löhne**.[1] Die Armut ohne Wirtschaftswachstum zu bekämpfen scheint ein Ding der Unmöglichkeit. Wenn andererseits die Armut ohne Wachstum reduziert werden soll, indem unter andernfalls stagnierenden Tendenzen die Einkommensumverteilung forciert wird, schrumpft die Profitrate nur umso stärker. Es scheint also, dass wir entweder tiefes Wachstum oder bessere soziale Bedingungen haben können (wobei letztere natürlich keineswegs automatisch perfekt sind). Beides gleichzeitig zu erreichen scheint unmöglich. In anderen Worten, wir hätten gerne tieferes Wachstum, aber die konventionelle Wirtschaftspolitik ist nicht in der Lage, die daraus resultierende schädliche makroökonomische Dynamik und die sozialen Auswirkungen zu kontrollieren.

Wir können mehr Klarheit erlangen, wenn wir einen Schritt zurück zu Kap. 5 machen. Wir haben erklärt, wie Märkte alleine keine wirtschaftliche Entwicklung generieren können. Es braucht den öffentlichen Sektor um zu investieren, Beschäftigung zu generieren und die Produktivität zu stärken. Dies ist möglich, weil

---

[1]Es ist anzufügen, dass Arbeitslosigkeit und sinkende Löhne zu einer schrumpfenden effektiven Nachfrage führen, die wiederum das Wirtschaftswachstum gefährdet, wie in Kap. 4 gezeigt wurde.

der Staat nicht auf die Rendite seiner Investitionen angewiesen ist. Während der Staat in einem frühen Stadium der ökonomischen Entwicklung in Sektoren aktiv wird, wo der Privatsektor abwesend ist, kann er in einem späten Stadium genau dasselbe tun. Er kann sich in Sektoren engagieren, wo sich private Firmen zurückgezogen haben, ebenso wie in jenen, die bisher noch nie profitabel waren. Spezifisch braucht es öffentliche Investitionen in Branchen wie der Produktion erneuerbarer Energien, die für die ökologische Transformation entscheidend sind. Weil die Profitabilität keine Bedingung ist, kann sich der Staat auf die zweite makroökonomische Voraussetzung, die effektive Nachfrage, konzentrieren. Dabei kann er die Produktion und die Beschäftigung auf dem gewünschten Niveau halten, während kein Druck auf die Löhne notwendig ist. Wenn einmal ein genügend grosser Anteil der wirtschaftlichen Aktivitäten durch den öffentlichen Sektor bestritten wird, kann der **Output der Ökonomie stabil** gehalten werden, sodass es keinen Bedarf an weiterem Wachstum mehr gibt.

Während die staatlichen Aktivitäten in den Entwicklungsländern über das Crowding-In des Privatsektors ein höheres Wachstum erwarten lassen, geschieht in einer späteren Phase der wirtschaftlichen Entwicklung das Gegenteil. Nun tätigt der öffentliche Sektor nicht mehr Investitionen und schafft Beschäftigung, um in erster Priorität den Wohlstand zu steigern. Er expandiert in neue Bereiche, die vom Privatsektor vernachlässigt werden, um die Beschäftigung zu erhalten und diejenigen Güter von hohem gesellschaftlichem Bedarf bereitzustellen. Indem der Staat die Beschäftigung hochhält, kann er die Löhne beeinflussen. Höhere Löhne senken die Profitrate und führen zu einem **Crowding-Out des Privatsektors.** Obwohl schädlich zu Beginn der wirtschaftlichen Entwicklung, kann das Crowding-Out effektiv ein starker Mechanismus sein, um die wirtschaftlich fortgeschrittenen Länder in Systeme zu transformieren, die den menschlichen Bedürfnissen und der ökologischen Nachhaltigkeit zugutekommen statt dem Profit.

In dem Ausmass, wie die Produktivität Jahr für Jahr steigt, resultiert im neuen Regime nicht einfach eine schnellere Kapitalakkumulation und eine Expansion der Produktion. Stattdessen wird es möglich, die Arbeitszeit zugunsten der Freizeit zu reduzieren, während der Output derselbe bleibt. Darüber hinaus erlaubt die hier skizzierte Transformation sogar eine **Arbeitszeitreduktion** in Abwesenheit von Produktivitätsfortschritten. In diesem Fall ginge die sinkende Arbeitszeit mit einem fallenden Einkommen einher. Die Gesellschaft wäre frei, über die Höhe der Arbeitszeit mit einem entsprechenden Einkommensniveau zu entscheiden. Der hauptsächliche Unterschied zum Kapitalismus wie wir in heute kennen ist die Sicherstellung der makroökonomischen Stabilität dank der Produktion im öffentlichen Sektor. Gegenwärtig verursacht eine (substanzielle)

Arbeitszeitreduktion unvorhergesehene Turbulenzen und mit grösster Wahrscheinlichkeit fallende Profite und deshalb Arbeitslosigkeit. Damit sinkende Arbeitszeiten bei stabiler Beschäftigung möglich werden, braucht es transformative makroökonomische Rahmenbedingungen.

Die Produktion im öffentlichen Sektor ermöglicht nicht nur Stabilität, sondern kann auch ein **Wachstum steuern,** das noch als angemessen und nachhaltig beurteilt wird. In verschiedenen Sektoren wie den erneuerbaren Energien ist eine Expansion notwendig, während die Produktion in nicht nachhaltigen und nicht transformierbaren Sektoren heruntergefahren werden sollte. Eine Transformation, die durch die öffentlichen Investitionen und die Beschäftigung im öffentlichen Sektor gesteuert wird, führt nicht zwingend zu einer permanenten Stagnation oder gar Schrumpfung der Volkswirtschaft. Die fundamentale Veränderung besteht in der Tatsache, dass das Wachstum insgesamt keine systemische Notwendigkeit mehr ist. Stattdessen hat die Wirtschaftspolitik die Freiheit, über die Wachstumsrate selbst zu entscheiden, ohne den systemischen Kräften des permanenten Wachstums ausgesetzt zu sein.

Ein solcher transformativer Pfad zu einer wachstumsunabhängigen Ökonomie ist sehr weit weg von den Entwicklungsländern. Ausserdem ist er mit vielen Ungewissheiten und noch unbekannten Auswirkungen verbunden. Aber der Kampf gegen die Armut und die ökonomische Transformation haben eine gemeinsame Eigenschaft: Sie erfordern einen Handlungsspielraum für die Wirtschaftspolitik. Sie stellen aktive wirtschaftspolitische Interventionen ins Zentrum, um Beschäftigung, Investitionen und Akkumulation zu steuern. Und schliesslich sind beide Herausforderungen – die wirtschaftliche Entwicklung zur Überwindung der Armut und die Transformation zu einer wachstumsunabhängigen Wirtschaft – auf ein adäquates System der internationalen Zahlungen angewiesen, damit die für diese Zwecke erforderliche makroökonomische und monetäre Stabilität gewährleistet ist.

Literatur

Freeman, A. (2019). The sixty-year downward trend of economic growth in the industrialised countries of the world. *GERG Data Group Working Paper* No. 1.

Marx, K. (2004). *Das Kapital. Kritik der politischen Ökonomie, dritter Band.* Berlin: Akademie (Erstveröffentlichung 1894).

Oberholzer, B. (2017). *Monetary policy and crude oil: Prices, production and consumption.* Cheltenham: Elgar.

Woodward, D. (2015). Incrementum ad absurdum: Global growth, inequality and poverty eradication in a carbon-constrained world. *World Economic Review, 4,* 43–62.

Neue Perspektiven 10

Um die Armut und damit auch die Ungleichheit zu reduzieren, braucht es progressive Strategien. Eine Wirtschaftspolitik, die auf Intervention in Märkten, Umverteilung und öffentlichen Investitionen beruht, muss Teil eines solchen Projekts sein. Dieses kann allerdings nur erfolgreich sein, wenn diese politischen Massnahmen auch eine Chance erhalten, umgesetzt zu werden. Solange die kapitalistischen Dynamiken fortschrittliche Regierungen durch Kapitalflucht sowie makroökonomische Instabilität und Krisen bestrafen, sind sie höchstwahrscheinlich zum Scheitern verurteilt. Ausserdem müssen die Länder die Möglichkeit haben, Leistungsbilanzdefizite zu tragen, die für die Bildung der produktiven Kapazität der Volkswirtschaft notwendig sind. Letzteres erfordert eine Periode grosser Investitionen und damit den Import von Kapitalgütern und Technologie. Ebenso verursachen die Befriedigung der Grundbedürfnisse oder beispielsweise die Überbrückung von Dürren externe Defizite, bevor ein Land in der Lage ist, diese Herausforderungen aus seinen eigenen Ressourcen zu bewältigen. Es muss für ein armes Land möglich sein, solche Phasen zu überstehen, **ohne in eine Währungskrise zu geraten**.

Heute denken viele Länder nicht einmal daran, andere Wege der Wirtschaftspolitik einzuschlagen, weil die Bedrohung einer schmerzhaften Reaktion der globalen Finanzmärkte allgegenwärtig ist. Die **Politikrezepte des Mainstreams** sind das einzige, was übrigbleibt. Staaten müssen die Ausgaben tief halten, weil sie sonst ein Defizit in der Leistungsbilanz auslösen. Sie müssen konstante Überschüsse oder zumindest eine ausgeglichene Leistungsbilanz erzielen. Ebenso können die Länder keine Politikmassnahmen umsetzen, die den Reichen Angst einflössen, denn das würde Kapitalflucht auslösen. Im Ausmass, wie ein Land ein Leistungsdefizit ausweist, hängt es ausserdem von Kapitalzuflüssen ab, um dieses Defizit zu finanzieren. Es muss also besonders kapitalfreundliche Politik betreiben, damit die Finanzflüsse nicht versiegen.

Die Reform der internationalen Zahlungen, die in diesem Buch präsentiert wurde, erlaubt den Entwicklungsländern, Leistungsbilanzdefizite einzufahren und alternative Entwicklungspfade zu verfolgen, ohne eine Wechselkursabschwächung oder eine Währungskrise auszulösen. Die Länder erhalten ihren Handlungsspielraum zurück, um erfolgreich eine fortschrittliche Entwicklungsstrategie umzusetzen. Insbesondere erhalten die Länder die Möglichkeit, die wirtschaftliche Entwicklung nicht mehr in den Dienst der Rentabilität des Kapitals, sondern der Bedürfnisse der Gesellschaft zu stellen.

Man könnte einwenden, dass die **ostasiatischen Länder** auch ohne eine solche Reform erfolgreich waren. Tatsächlich haben die Länder viele wirtschaftspolitische Instrumente angewendet, die ein gutes Beispiel für die gegenwärtig ärmsten Länder in Lateinamerika, Afrika und dem Rest von Asien geben können. Wie Box VI gezeigt hat, ignorierten die ostasiatischen Entwicklungspläne die Politikempfehlungen des ökonomischen Mainstreams weitgehend, womit sie den schnellsten und gleichzeitig dauerhaftesten Prozess wirtschaftlicher Entwicklung der menschlichen Geschichte erreichten. Es stimmt allerdings, dass sie dies ohne die hier vorgestellte Reform taten.

Die Zeiten, als die ostasiatische Erfolgsgeschichte startete, waren jedoch andere. Das globale Wirtschaftswachstum ist heute tiefer und wir haben mehr als drei Jahrzehnte der Liberalisierung von Handel und Finanzflüssen erlebt. **Der Kapitalismus ist definitiv instabiler geworden,** vor allem seit 2008 und der folgenden Stagnation, die immer noch andauert. Im Jahr 2020 traf die Krise des Coronavirus die Weltwirtschaft in einem Ausmass, das zum stärksten Einbruch des globalen Wachstums seit der Grossen Depression in den 1930er Jahren führte. Die Auslandsschulden in den Entwicklungsländern, die schon vorher hoch waren, schossen nun umso schneller in die Höhe. Das bereits jetzt langsame globale Wachstum wird wahrscheinlich einen zusätzlichen langfristigen Knick nach unten erleiden.

Mit einem stagnierenden globalen Wachstum sehen sich die Entwicklungsländer vielen Schranken gegenüber, wenn sie ein **exportgetriebenes Wachstumsmodell** verfolgen wollen. Ausserdem ist die Industrialisierung möglicherweise nicht mehr eine so einfache Strategie, wie sie das einmal war. Mit dem sich verändernden technologischen Fortschritt, erreicht die industrielle Entwicklung in einem Land ihren Höhepunkt heute tendenziell früher und auf einem tieferen Niveau im Vergleich zu den Industrieländern, als diese die entsprechenden Entwicklungsstadien durchliefen. Obwohl die Industrialisierung ein wichtiges Ziel bleibt, werden die Dienstleistungssektoren wahrscheinlich

10 Neue Perspektiven

auch für Entwicklungsländer eine wichtigere Rolle spielen. Die Industriepolitik muss sich weiterentwickeln. Damit werden die Bedingungen für eine Exportorientierung nochmals schwieriger. Insgesamt sind die Voraussetzungen für die wirtschaftliche Entwicklung eines armen Landes weniger günstig als sie es in der zweiten Hälfte des zwanzigsten Jahrhunderts waren. Das Wiedererlangen einer grösseren Freiheit in der Leistungsbilanz, wie ihn die unilaterale Reform der internationalen Zahlungen ermöglicht, ist deshalb entscheidend.

Das vorangehende Kapitel leitete den Zusammenhang zwischen wirtschaftlicher Entwicklung einerseits und der allgemeinen Verbindung zwischen Wirtschaftswachstum, Lebensstandards und der natürlichen Umwelt andererseits her, um die Frage nach der Zukunft des Wachstums zu stellen. Dabei haben wir eine Strategie skizziert, wie die Ökonomie wachstumsunabhängig werden kann. Die wirtschaftliche Entwicklung armer Länder und die langfristige makroökonomische Transformation hin zur Nachhaltigkeit teilen eine Eigenschaft. Im Ausmass, wie die jeweiligen Strategien durch eine Regierung eines einzelnen Landes umgesetzt werden sollen, sind sie auf ökonomische und damit politische Autonomie und Souveränität angewiesen. Die Bedeutung einer Reform, die die Zahlungsbilanzrestriktion beseitigt, kann deshalb nicht überschätzt werden. In einer Welt des globalen Wettbewerbs, wo es völlig ungewiss ist, ob globale Kooperation in einem relevanten Zeithorizont erreicht werden kann, ist die Möglichkeit für ein einzelnes Land, selbst voranzuschreiten, entscheidend für jeglichen ökonomischen Fortschritt.

Man kann diese Feststellung herausfordern mit dem Argument, dass die Ökonomie nicht das einzige Hindernis für eine erfolgreiche Entwicklung ist. Es gibt Kriege, historische und ethnische Konflikte, Wahlbetrug, verschiedene Kulturen und Lebensstile und vieles mehr, was dieses Buch nicht berücksichtigt hat. Und vor allem werden viele Länder von **korrupten Eliten** dominiert, die nicht das geringste Interesse daran haben, ihre Völker aus dem Elend zu holen. Warum und wie sollte also eine Entwicklungsstrategie wie hier skizziert jemals umgesetzt werden?

Natürlich, die Ökonomie ist nicht alles. Sie ist mit zahlreichen anderen Disziplinen verwoben, die gemeinsam eine weit komplexere Realität darstellen als wir hier angenommen haben. Und die Korruption ist eines der meist frustrierenden Probleme und Teil des täglichen Lebens in Entwicklungsländern. Klar, es gibt politische Hindernisse und Eliten, die alles tun, um mehr soziale Gerechtigkeit zu verhindern. All dies ändert aber nichts an der Tatsache, dass sogar dann, wenn eine progressive Regierung die Situation der Armen ernsthaft zu verbessern versucht, die ökonomischen Fesseln zu eng sind. Solche Regierungen mit guten Absichten gab es oft durch die Geschichte hindurch und rund um den Globus. Die kapitalistischen Turbulenzen waren aber ein Hauptgrund für ihr Scheitern. Wenn progressive Politik dank der hier beschriebenen systemischen Veränderungen eine Erfolgschance erhält, dann kann sich ihre Erfolgsbilanz ins Positive drehen. **Erfolgsgeschichten** können geteilt werden. Und sie erhöhen den Druck auf korrupte Eliten, weil sie wissen, dass sie von realistischen Alternativen herausgefordert werden. Entwicklungsstrategien, deren Erfolg anderen Ländern als Vorbild dienen kann, werden dringend benötigt. Sie würden die Perspektiven der Armen der Welt verändern.

The manufacturer's authorised representative in the EU is Springer Nature Customer Service Centre GmbH, Europaplatz 3, 69115 Heidelberg, Germany. If you have any concerns regarding our products, please contact ProductSafety@springernature.com

Printed and bound by CPI Group (UK) Ltd, Croydon, CR0 4YY
23/03/2026
02076465-0007